SAINT-MALO

SON PASSÉ, LE TOUR DE SES REMPARTS

PAR

J.-M. HAMON

Prix : 1 franc 25

SAINT-MALO

IMPRIMERIE Mme Ve J. HAIZE
Rue Robert-Surcouf

1885

Lk 7
24786

SAINT-MALO

SON PASSÉ, LE TOUR DE SES REMPARTS

PAR

J.-M. HAMON

Prix : 1 franc 25

SAINT-MALO

IMPRIMERIE Mme Ve J. HAIZE
Rue Robert-Surcouf

1885

Le but que je me suis proposé en publiant ce petit opuscule, est d'offrir à l'étranger qui vient visiter notre pays, un récit succint des principaux évènements de son histoire.

Mon but est de l'intéresser à son passage, heureux si je puis y réussir.

J.-M. HAMON.

SAINT-MALO

Me voilà sur le sol malouin ! me voilà donc en face de cette cité malouine, qui, petite par son étendue, est grande par son histoire.

Sa vue m'impressionne, son histoire m'intéresse en pensant aux grands citoyens qui l'ont illustrée. Où êtes-vous donc Jacques-Cartier, Duguay-Trouin, Châteaubriand et tant d'autres ? Vous avez disparu du nombre des vivants, mais votre ville avec sa ceinture de granit est toujours là au milieu des eaux, sombre et imposante comme autrefois. Si elle n'est plus animée comme jadis par les bienfaits de votre présence, par le récit des hauts faits de votre courage, par la générosité de vos caractères, elle a au moins conservé le religieux souvenir de ses plus illustres enfants.

Absorbé dans mes pensées, la distance qui me séparait de ses remparts se franchit comme à la volée, et je me trouvai inconscient près de la porte appelée Saint-Vincent, nom du patron de cette ville.

Cette porte franchie, je fus saisi d'admiration en présence de ces grandes et belles maisons, qui défient le temps par leur aspect imposant et solide ; ces maisons vous disent par intuition : grandeur, intrépidité, indépendance ; voilà bien le Saint-Malo de la richesse, me dis-je !

Je me retournai et tout en examinant cette porte sur laquelle on aperçoit encore les dernières traces du nom des *sans-culottes*, qu'elle a porté un moment, je me dirigeai par un escalier couvert dont je franchis les dégrès, sur ses larges et beaux remparts.

J'en étais là rêvant et ne sachant que penser de tout ce qui se présentait à ma vue, quand soudain surgit près de moi, comme un spectre, sous les dehors d'un vieillard couvert d'un vêtement dont la forme appartenait à toutes les époques, qui, me voyant surpris et étonné, m'adressa de lui-même la parole en ces termes : « De tous les objets qui se présentent devant vous aucun ne peut vous donner le souvenir qu'il personnifie ; aucun ne peut faire revivre à vos yeux ce dont il a été témoin : « *Je suis le passé !* Je viens vous raconter les faits de tout un passé disparu, et qui peut pour un moment revivre encore, en vous reportant par la pensée à ces temps à jamais écoulés. »

Se tournant du côté de la ville, il commença son récit en ces termes :

« L'origine de la ville de Saint-Malo est purement ecclésiastique. Aux temps celtiques, ce rocher sur lequel elle est bâtie n'était qu'un simple monticule s'élevant au bord du Rinctius, aujourd'hui la Rance, et assez avant dans les terres, par rapport à la mer, puisqu'il en était à plus de six kilomètres. Au temps de l'occupation romaine, la mer s'était déjà quelque peu rapprochée, mais se trouvait encore à une distance assez éloignée.

L'ermite Aaron, dans les premières années du VIe siècle (507), construisit le premier sur ce rocher un monastère qui porta longtemps son nom. Ce monastère agrandie par l'évêque Malo prit plus tard le nom de ce grand évêque et le donna à l'île tout entière. Mais au Xe siècle des moines et de pauvres pêcheurs habitaient seuls encore cette solitude, alors baignée par les flots.

Malo, 14e évêque d'Aleth et le Ier d'origine bretonne, arriva de l'île de Bretagne sur notre rivage, en l'année 538. Il y fut reçu au sortir de sa barque construite en osier recouvert de peaux, par l'ermite Aaron, avec lequel il resta en sa communauté jusqu'en 541, où Budoc, évêque d'Aleth, étant venu à mourir, il fut choisi par Hoël Ier, roi des Bretons Armoricains, pour le remplacer sur ce siège épiscopal, où après l'avoir gouverné pendant 24 ans, il mourut en novembre 565, à l'âge de 78 ans.

Après l'apparition des Normands sur ces côtes en 847 et 878, on les voit en 919 précipiter dans la grève l'enceinte inachevée des premiers Malouins, et emmener en captivité les principaux habitants. On les voit encore reparaître en 931 et 963.

Lorsque les habitants d'Aleth abandonnèrent leur ville jusqu'alors importante, une partie de cette population ravagée par les Normands se réfugia dans l'ancienne île d'Aaron, devenue l'île Saint-Malo. Quand plus tard l'évêque Jean-de-Châtillon, connu sous le nom de saint Jean-de-la-Grille, eût transféré le siège épiscopal d'Aleth dans le monastère fondé par Saint-Aaron et Saint-Malo, l'accroissement de cette dernière localité devint promptement considérable; on peut dire qu'à cette époque, c'est-à-dire en 1152, la ville de Saint-Malo était fondée.

Les Malouins, d'abord sous la tutelle de leur évêque, ensuite sous l'autorité de leurs principaux habitants, prirent, dans les siècles qui suivirent, une importance considérable. La mer devint pour eux leur élément de prédilection, de nécessité ; ils la parcoururent dans tous les sens, comme sur une surface leur appartenant : ils découvrirent des îles et des continents, entrèrent dans toutes les associations maritimes et commerciales et réunirent dans leur port les productions du monde entier connu ; ils furent en quelque sorte les entremetteurs de la fortune publique et les plus redoutables antagonistes de l'Angleterre dont ils interceptèrent les croisières sur toutes les mers.

Pas une guerre navale n'était entreprise sans leur concours : ils devinrent même les auxiliaires nécessaires des rois de France. Mais, en se mêlant au mouvement de l'Europe, les Malouins gardèrent leur tenace et profonde originalité. Par un privilège unique pour un peuple aimant les hasards, ils ont toujours placé la prudence qui fixe la fortune à côté de l'audace qui conquiert la renommée. C'est là une des conditions de l'indépendance extraordinaire dont ils ont fait preuve dans tous les siècles, en dépit de toutes les révolutions depuis Mauclerc jusqu'à Henri IV.

Les gouvernements ont toujours eu besoin d'eux ; ils se sont toujours suffi à eux-mêmes. Intrépides au dehors, admirablement constitués au dedans, sobres et braves comme des Spartiates, financiers, prévoyants, ambitieux, presque toujours au-dessus de leurs contemporains par la hardiesse, l'étendue, l'infaillibilité politique, ils ont mesuré à chaque époque la profondeur des évènements comme l'étendue des mers, et, au sein des commotions ils sont restés libres sur leur rocher comme l'aigle sur la montagne. Leur patrie ne fut jusqu'au XVe siècle, ni la Bretagne, ni la France, ni l'Angleterre, leur devise était : *Point Breton, Malouin suis.* Mais en échange des services rendus à chacune de ces nations, ils ne dédaignaient pas d'accepter le protectorat de la puissance prépondérante du moment. Ils se chargèrent eux-mêmes de la police et de la garde intérieure de la ville ; entretinrent 24 dogues d'Angleterre, pour veiller la nuit à la sûreté de leur richesse extérieure ; c'est-à-dire de leur flotte éparpillée sur les sables ou sur les vases de leur port.

La ville de Saint-Malo fait depuis longtemps partie de l'unité française, et est devenue le chef-lieu d'un arrondissement du département d'Ille-et-Vilaine.

Le tour des remparts

Ce rempart que nous piétinons, et qui se prolonge autour de la partie sud de la ville et jusqu'au bastion la Hollande, sur les plans de Vauban, fut élevé par les Malouins et payé de leurs deniers, en 1689 et années suivantes.

Ce port que vous voyez devant vous reçoit comme autrefois le flux et le reflux de la mer ; mais s'il est restreint aujourd'hui par ses quais, ses bassins, il a couvert, après l'envahissement de la mer, toute cette plaine qui s'étend devant vous. Diminué ensuite par des chaussées, il s'est trouvé pendant les grands siècles de son histoire, d'une étendue ayant pour limite à l'est : les deux chaussées clôturant les grèves de Rocabey et de Châles.

C'est dans ce port qu'enfants les Malouins se sont pirogués ; c'est dans ce port qu'adolescents ils ont pris leur volée sur l'élément liquide : soit pour aller à la découverte, soit pour aller en croisière, soit pour aller commercer. Mais, s'ils en sont tous partis, ils n'en sont pas tous revenus ; ils ont aussi eux subi le sort commun en payant le tribut des temps ; c'est-à-dire celui des éléments, comme celui des combats.

En 1255, après un siècle d'existence, Louis IX fit démanteler leurs murailles à peine élevées, pour y combattre et chasser un certain seigneur qui s'y comportait en maître, en méconnaissant les droits de l'église de Saint-Malo, en même temps que ceux du royaume de France.

Leurs murailles relevées, on les voit au printemps de l'année 1270, partir avec une flotte de 22 voiles pour se rendre à Aigues-Mortes, au rendez-vous pris avec Louis IX, afin de l'assister dans sa dernière croisade.

Au milieu du XIVe siècle, Philippe V, dit le Long, devant marcher en guerre contre Robert d'Artois et d'autres rebelles, reçoit l'oriflamme des mains du pontife malouin dans l'église de Saint-Denis.

Le 3 août 1379, on voit Duguesclin parcourir ces remparts au moment où Jean III de Bretagne traversait la rade et allait jeter l'ancre dans l'un des anciens ports d'Aleth, aujourd'hui port Solidor. De ces remparts construits au siècle précédent, il ne reste plus que la partie ouest de l'enceinte.

En 1382, grand émoi dans la ville : l'évêque et le chapitre, soutenus en cela par les habitants, se déclarent complètement indépendants des ducs de Bretagne. L'évêque Josselin de Rohan se refuse à faire hommage et serment de vassal au duc Jean IV en prétendant que la ville de Saint-Malo, bâtie sur un terrain ecclésiastique puisqu'elle était entourée par les eaux, ne devait reconnaitre d'autre maître que le pontife romain. Le pape Clément VII entrant dans cet ordre d'idées, céda à Charles VI, roi de France, en 1394, tous les droits qu'il pouvait avoir sur la ville de Saint-Malo ; le roi accepta d'abord et prit en 1397 la ville sous sa protection ; mais en 1415 il rendit cette cité au duc de Bretagne.

En ces siècles le droit d'asile y était devenu inviolable ; des officiers militaires, municipaux et de justice y avaient été institués et agissaient sous l'autorité de l'évêque et du chapitre, seuls seigneurs conjoints et par indivis de l'île. Ce régime de l'autorité ecclésiastique dura jusqu'en 1494, où les bourgeois proclamèrent leur administration civile indépendante et refusèrent de se rendre dans la sacristie, où en présence des chanoines, ils tenaient depuis trois siècles leurs assemblées municipales.

En 1421, on voit les Malouins se préparer à une attaque contre les Anglais qui assiégeaient le Mont Saint-Michel. Je vois encore, (dit le Passé,) le pontife malouin debout au milieu des flots sur une nef hérissée de lances, haranguer l'expédition dont il était l'âme, comme Briant-de-Beaufort en était le bras, et l'accompagner jusque sous le feu des ennemis. Partie le matin de Cancale où les navires s'étaient réunis, elle fondit à toute voile sur leurs vaisseaux dont elle essuya le premier feu sans répondre. Mais, dès que les Malouins qui approchaient toujours à travers ces décharges foudroyantes, purent enchaîner les bâtiments ennemis sous leurs crampons de fer, et s'élancer ensuite à l'abordage, la valeur personnelle l'emporta sur le nombre et les Malouins restèrent les maîtres dans cette lutte audacieuse, et la défaite des Anglais fut complétée par la déroute.

L'expédition malouine fit parvenir à la garnison du Mont des provisions de bouche, avec des secours en hommes et en munitions, afin de lui permettre de résister aux attaques des soldats anglais qui occupaient Tombelaine ; ensuite, elle opéra son retour dans ce port à la fin du même jour.

En 1535, ils prennent part à l'expédition de Charles-Quint pour le rétablissement du roi de Tunis.

C'est à ce moment qu'ils font un commerce considérable avec les Indes.

Ne voit-on pas à cette époque un Malouin, l'archidiacre Ebrard, se charger de porter à Henri VIII d'Angleterre la sentence d'excommunication que le pape Paul III avait lancée contre lui.

En 1573, ils aident de leurs deniers et de leurs personnes, le roi Charles IX à reconquérir Belle-Ile, sur le comte de Mongommery.

En 1577, ils sont visités par la peste et lui paient un large tribut, malgré l'établissement au Talard d'une vaste infirmerie dans laquelle ils recueillaient et isolaient des autres lieux les personnes atteintes.

En 1597, ils fournissent 12,000 écus à Henri IV pour l'aider à réduire le duc de Mercœur. C'est le moment de leur grand commerce avec le Chili et le Pérou.

En 1609 ils se réunissent aux Espagnols et se rendent dans le port de Tunis, où ils incendient trente-cinq vaisseaux pirates qui avaient causé des pertes considérables aux Malouins.

En 1616, ils prêtent des munitions de guerre à Louis XIII, pour la réduction du château de Fougères.

En 1622, avec vingt-deux de leurs bâtiments, ils concourent à la reddition de La Rochelle.

En 1655, Louis XIV voulant reconnaître publiquement la valeur des Malouins, leur confirma solennellement la faveur spéciale qu'ils possédaient déjà, de former seuls l'équipage du vaisseau amiral de la flotte française.

Leur flotte particulière à cette époque se composait de 150 navires.

En 1709, on les voit prêter trente millions à Louis XIV.

En 1711, Duguay-Trouin, à la tête d'une expédition, formée surtout de navires malouins, s'empare de la ville de Rio-Janeiro sur les Portugais.

En 1715, Dufresne, sieur d'Arcel, sur l'ordre du gouvernement, fut prendre possession de l'île Maritius ; et sur le désir de Louis XIV lui donna le nom d'Ile-de-France. C'est plus tard encore un malouin, Mahé de la Bourdonnais, qui en fait une riche colonie.

Le 14 novembre 1715, 24 charrettes furent chargées de lingots d'or et d'argent cédés à l'Etat par les Malouins, et ensuite dirigées sur l'hôtel des Monnaies, de Paris ; on peut dès lors juger de leur richesse.

A ce moment ils avaient encore 40 navires armés de 20 à 36 canons et plus de cent caboteurs.

C'est l'époque où les députés du Tiers-Etat de la ville de Saint-Malo sont autorisés à entrer aux Etats-Généraux de la province, et à siéger dans cette assemblée l'épée au côté,

En 1716, l'article 6 du traité d'Utrecht, en leur défendant, sous peine d'une très forte amende, de continuer leur commerce des mers du Sud, porta un coup funeste à leur prospérité ; aussi la décadence s'en suivit-elle promptement.

Dans la guerre de 1744 à 1748, ils n'armèrent que 85 corsaires portant 2,110 canons avec 14,646 marins; déjà moitié moins que sous le règne de Louis XIV.

Dans celle de 1756, ils n'armèrent en sept années que 99 corsaires, qui firent de nombreuses prises il est vrai, mais qui ne firent que les dédommager de la perte de 30 bâtiments marchands capturés par les Anglais, et qui revenaient des colonies sur la foi des traités.

En juin 1758, une flotte anglaise de 115 voiles se montra à l'horizon et se dirigea vers Cancale pour opérer un débarquement ; les Anglais étaient au

— 15 —

nombre de 16,000, sous les ordres du duc de Martborougt.

Quatre jours après ils couvraient le pays depuis Cancale jusqu'à Saint-Servan qu'ils occupaient.

De cette ville le duc adressa une sommation aux Malouins d'avoir à renvoyer de leur ville les habitants du pays occupé, et qui s'y étaient réfugiés, ordonnant à ces campagnards qu'ils envoyassent leurs magistrats pour régler les contributions réclamées, sous menace de mettre le feu partout si ses ordres n'étaient pas exécutés.

Les Malouins accueillirent cette sommation en disant que la réponse était dans la bouche de leurs canons.

L'anglais irrité fit mettre le feu à tous les établissements, ainsi qu'aux navires marchands et corsaires qu'il put atteindre, et fit subir au pays une perte de plusieurs millions. Renonçant ensuite à s'emparer de la ville de Saint-Malo, les Anglais se replièrent sur Cancale et quittèrent le pays.

Le 4 septembre de la même année, nouvelle flotte et nouvelle descente des Anglais sur notre littoral ; mais cette fois au nombre d'environ 11,000, et dans la baie de Saint-Cast.

Pendant une semaine, et depuis Dinard jusqu'à Matignon, ils ravagèrent tout le pays, soit en incendiant, ou soit en emportant sur leurs navires tout ce qui était à leur convenance.

Le 11 septembre, sept jours donc après leur arrivée, le duc d'Aiguillon, avec les troupes françaises qu'il avait pu réunir, aidé aussi des secours fournis par les Malouins, livrait sur les dunes ce combat que les annales nomment : la bataille de Saint-Cast.

Les Anglais battus reprirent donc, pour la deuxième fois cette année-là, la route de leur pays, en laissant cette fois de nombreux prisonniers.

Pendant la guerre de 1778, qui dura cinq années, les Malouins n'armèrent plus que 58 corsaires avec 602 canons et 4,932 hommes d'équipage.

En 1790, la population intra-muros qui deux siècles auparavant était de près de 20,000 âmes, était descendue à 11,600 ; aujourd'hui elle n'atteint pas 9,000.

Pendant les années qui suivirent cette guerre de 1778, jusqu'à la chute du premier empire, ils ne purent mettre à la mer que 165 corsaires.

Les chiens du guet

Avant de quitter la vue du port, je dois, pour compléter mon récit sur ce point, vous reparler de cette milice à quatre pattes, dite des chiens du guet, qui a donné lieu à la chanson triviale de Dumolet.

Où vous voyez aujourd'hui élevée l'écluse du bassin de Saint-Malo, était autrefois la partie du port nommé le pot-aux-chiens, par dérivation de poteau-aux-chiens.

C'est là qu'un solide poteau était fixé en terre et où la milice quadrupède, dont la vigilance égalait la férocité, était attachée, quand la mer le permettait, en attendant l'heure du service.

Leur guide les détachait aux derniers tintements de la cloche du soir. Alors, ils s'élançaient dans toutes les directions et parcouraient les grèves solitaires dans toute leur étendue, sans dépasser jamais les limites assignées; au point du jour, le guide les rappelait au son d'une corne; de mer haute, leur service se bornait à veiller immobiles à l'unique porte de la ville.

Cette milice particulière a duré de 1155 à 1770, c'est-à-dire plus de six siècles.

Le Talard

Cet unique moulin dépouillé aujourd'hui de ses vergues, que vous apercevez à l'est et au-delà du port, ainsi que deux autres qui restent encore debout au Sillon, sont à eux trois tout ce qui reste des vingt moulins qui servaient à la mouture pour l'alimentation du pays. Ils ont aussi, eux, subi la loi du progrès et fait place aux moyens fournis par la science moderne.

C'est sur un terrain près de celui occupé par la gare du chemin de fer, qu'était établi l'hôtellerie où on recevait les pestiférés de l'année 1577, et dont les anciennes gravures, qui se trouvent au musée de notre ville, conservent le dessin.

Dans cette année de calamité publique, on vit les maisons des pestiférés de la ville cadenassées et marquées de grandes croix blanches, afin que nul ne put sortir de quarante jours, de quelque état, qualité ou condition qu'il fut. La mort seule avait le droit d'ouvrir ces sépulcres vivants; dès qu'elle avait fermé les yeux d'une victime, un signal convenu avertissait les commissaires qui décadenassaient ces demeures, en retiraient les cadavres, et scellaient de nouveau ces prisons mortuaires.

Les choses indispensables aux besoins de toute sorte étaient envoyées par les fenêtres au moyen de paniers que les pestiférés faisaient descendre dans la rue.

Quant aux familles atteintes qui refusaient d'accepter les horreurs de cette détention, on les transportait au Talard.

Les pauvres qui ne pouvaient s'approvisionner peuplaient cet établissement.

En présence de cette grande désolation, le pays tout entier demeurait comme frappé d'anéantissement. L'invisible fléau, faisant sa lugubre ronde dans les murs, moissonnait à la hâte les rangs compactes d'une population entassée dans un espace relativement très étroit, et jetait chaque jour son hideux tribut aux trois cimetières de la ville.

De sinistres agents, armés de *gaules blanches* pour avertir les passants de s'éloigner, précédaient ces processions funèbres dans les rues silencieuses.

Prévenus à leur approche par des signaux d'alarme, les navires étrangers reprenaient vite le large pour fuir cette ville infectée ; quant à ceux qui jetaient l'ancre, ils étaient bientôt décimés, car l'air vicié et contagieux qui s'élevait de ces bords tuait les équipages.

Enfin, après trois mois, l'épidémie tendit à diminuer d'intensité, à disparaître. La communauté prescrivit aux convalescents du Talard, avant de rentrer dans la ville, d'aller s'éventer sur le Grand-

Bey. Les maisons des pestiférés furent découvertes et assainies, la croix blanche disparut de dessus leurs façades.

Dirigeons-nous vers le sud et suivons les remparts.

SAINT-SERVAN

Devant vous se trouve la ville moderne de Saint-Servan, qu'il ne faut pas manquer de visiter. Je vous signalerai : l'Hôtel-de-Ville, la promenade du Sémaphore, l'église paroissiale et particulièrement la chaire de cette église ; ne quittez pas cette ville sans aller admirer le panorama de la Rance et de la rade, vu des glacis du fort de la Cité ; visitez en passant ce vieux débris restauré de l'ancienne cathédrale d'Aleth, connu aujourd'hui sous le nom de *chapelle Saint-Pierre*.

Cette ville, moderne dans beaucoup de ses parties, est élevée sur le terrain occupé jadis par l'ancienne cité de Ridolet, devenue ville d'Aleth sous l'occupation romaine et jusqu'au XIIe siècle ; ce petit monticule que vous apercevez devant vous sur les glacis, est tout ce qui reste de l'enceinte élevée par les Romains, et rappelle par sa présence, aux générations qui se succèdent, la grandeur passée de cette cité.

Dans le dernier siècle qui a précédé l'ère chrétienne, Jules César, en soumettant à la domination romaine les Armoriques, s'empara du pays des Diablintes, c'est-à-dire de ce pays de la rive droite du

Rinctius (la Rance), sur le bord duquel était élevé la cité de Ridolet, jusqu'à Ingéna (Avranches).

Pendant les trois siècles qui suivirent, cette cité, devenue ville d'Aleth, se maintint sans grands changements jusqu'à l'arrivée de la légion romaine de Mars dans ses murs en l'année 286, sous les ordres de Carausius ; elle était envoyée dans le pays pour y empêcher les dévastations des pirates saxons sur le littoral ; pirates qui remontaient le Rinctius et dévastaient tout le pays.

Mais Carausius, soldat de fortune, au lieu de faire son devoir, laissait les hordes saxonnes entrer librement dans cette rivière, et, quand elles revenaient chargées de butin, il les dépouillait à son profit ou partageait avec elles.

Ce brigandage dura bien quelque temps ; mais les populations épuisées crièrent vengeance, et Carausius poursuivi et condamné au dernier supplice, se sauva dans l'ile de Bretagne (Angleterre).

Cette ville au IIIe siècle, par suite de sa position géographique, avait acquis une importance toute romaine ; elle était l'un des plus ardents foyers de la science en Armorique ; elle fournissait des maîtres aux plus renommés collèges des Gaules.

Les Romains, pendant quatre siècles que dura leur occupation, écrasèrent l'Armorique sous le poids des impôts et de la servitude, et quand l'empire fut ébranlé de toutes parts, tant par la corruption des mœurs que par d'innombrables invasions barbares, l'alliance brito-armoricaine se forma et elle eut pour résultat de chasser ces dominateurs réduits à l'impuissance.

La coalition alors s'éleva grondante, et elle passa comme un orage sur les camps, les cirques, les amphithéâtres, les temples, les somptueuses villas, les bains voluptueux établis au bord des fleuves et des mers, et ce luxe insolent devint le linceul funéraire de cette génération abâtardie, qui oubliait dans les bras et sous les baisers de la beauté l'énergie guerrière du peuple conquérant. Le sang des oppresseurs couvrit les fresques, les mosaïques, les riches tentures, les dalles de marbre ; et leurs cadavres roulèrent avec leurs statues brisées sous leurs murs de briques calcinés et détruits.

La ville d'Aleth vit fuir son préfet militaire, sa garnison jadis célèbre, ses magistrats aux longues toges, et de toutes ces richesses renversées et foulées aux pieds, la mâle colère de ce peuple ne daigna pas les toucher autrement qu'avec le fer et le feu.

Ce mémorable réveil date de l'année 410. Ainsi l'Armorique, de toutes les nations gauloises la dernière à ployer sous le joug romain, fut la première à s'en affranchir.

Un demi-siècle après, une armée partit d'Aleth, sous les ordres de Constantin, frère du roi Audren, pour secourir leurs compatriotes et amis des îles contre les Saxons. Ce petit secours rendit le courage aux Bretons éperdus et suppliants, qui couronnèrent leur libérateur.

En 509, les Frisons, envoyés par Clovis, envahissent la frontière orientale de la Bretagne armoricaine et s'emparent de la ville d'Aleth, que le roi Hoël est obligé de leur abandonner après une résistance désespérée.

Corsole en fait la capitale de son gouvernement comme lieutenant de Clovis. Cette irruption marque quatre années de dévastations et de féroce anarchie, pendant lesquelles ce pays fut à la merci de l'étranger.

Au bout de ce temps, Hoël, sollicité par son peuple, se met en devoir de ressaisir le sceptre paternel. Aidé du roi Arthur, son parent, il réunit des troupes et, en 513, sa flotte vint aborder Césambre. Les Frisons attaqués par lui furent défaits dans le pays d'Aleth, à la grande joie des habitants, et successivement le furent dans tous leurs camps.

Le jeune vainqueur reprit l'héritage de Budic, son père, et fut acclamé par tous les peuples environnants.

Pendant le cours de ses trente-deux années de règne, il fut l'ami de Malo et de Samson, évêques, et combla de bienfaits leurs églises d'Aleth et de Dol, qui avaient tant souffert du séjour des Frisons.

A la mort d'Hoël Ier, qui laissa cinq fils, Canao eut le pays de Nantes en partage, Waroch celui de Vannes, et Hoël II celui de Rennes à la mer ; les deux autres n'eurent aucune part de souveraineté.

De longs différents eurent lieu entre le comte Hoël et l'évêque Malo au commencement de ce règne ; mais pour le bonheur des peuples, que ces querelles agitaient, le prince temporel et le prince spirituel se réconcilièrent.

Le pays ne devait pas en profiter longtemps, car

la main du sanguinaire Canao s'étendit bientôt sur la contrée et la replongea dans la guerre civile.

Pour réunir sous son autorité toute la Bretagne armoricaine, il tua Hoël II, son frère, dans une partie de chasse, et épousa violemment sa veuve ; ensuite assassina Waroch et Budic ses frères, afin de commander au reste de la péninsule.

Restait un autre frère, Macliau, qu'il poursuivit le fer au poing ; pour se soustraire à sa férocité, ce prince se cacha quelque temps dans un tombeau, puis dans un couvent, où il attendit sous l'habit de pénitent le retour de la fortune.

Tout tremblait devant le féroce Canao ; il persécuta l'Eglise dans la personne de l'un de ses plus illustres apôtres, Malo, le dépouilla de ses plus belles propriétés, aux applaudissements d'une génération encore payenne. Le prélat le frappa en vain de ses anathèmes : le *prince maudit*, nom que l'histoire lui a donné, entra tête levée dans le sanctuaire des fidèles, dispersa dans la ville d'Aleth et sur le rocher d'Aaron les cent cinquante clercs de Malo, qui gagnèrent effrayés les collines environnantes, dispersa ensuite des troupeaux et des provisions de toutes sortes, dont se rassasia l'avide soldatesque. Malheur à ceux qui, trop lents à fuir, furent atteints par ses gens !

Le pauvre Riman, boulanger du prélat, expia cruellement sa téméraire confiance. Fouetté jusqu'au sang avec des lianes d'osier, il fut jeté pieds et mains liés sur la grève, à mer montante ; mais Malo ne l'abandonna pas et réussit à le sauver.

Il n'y eut plus ensuite de repos pour le pontife. Il

remit à la mer le navire qui, juste vingt ans auparavant, l'apporta sur ces bords, et, accompagné de quelques serviteurs et de quelques prêtres dévoués, il confia aux flots et à la Providence son errante destinée.

Presque d'elle-même, la vagabonde nef aborda à l'île d'Oléron, d'où le sublime fugitif fut conduit dans la Saintonge, où il fut dignement accueilli, lui et les siens, par l'archevêque de cette contrée.

Les autres évêques bretons, indignés de la conduite de Canao, se retirèrent au désert de Ménébréc pour délibérer contre le tyran qu'ils excommunièrent.

Du fond de son château de Créhen, Canao répond par des menaces de mort. Cette fois il s'acharne contre un prince orphelin, Judual, son neveu, dont il avait épousé la mère et tué le père. Judual, protégé par les évêques, fuit de solitude en solitude, de monastère en monastère, jusqu'à la cour de Childebert, roi de Paris. Il resta à la cour franke jusqu'à ce que Clotaire, qui avait succédé à Childebert après Sigebert, attiré par la révolte de son fils Chramme, réfugié à la cour du roi Canao, y vint avec une puissante armée pour se venger de l'un et de l'autre.

Canao apprenant qu'une armée franke marchait contre ses états, ramassa pour grossir la sienne tout ce qu'il put de phalanges mercenaires, même les pirates saxons qui rôdaient le long des côtes.

Canao s'appuyant sur Aleth et Cancale marcha, accompagné de Chramme, au-devant de Clotaire jusqu'à ce que les deux armées s'étant rencontrées s'entre-combattirent. Plein de valeur et de rage, l'impétueux Canao se précipitait, terrible et mugissant, sur les lances ennemies. Couvert d'un long bouclier et toujours au premier rang, il enfonçait ses bottes de fer dans les flancs déchirés de son cheval de bataille et faisait sonner sa hallebarde sur la tête des Franks, lorsque Judual, dit le prince blanc en opposition du prince noir Canao, qui cherchait partout l'assassin de son père et l'usurpateur de son héritage, lui traversa la poitrine avec son javelot; Canao roula dans une mare de sang et les chevaux broyèrent son cadavre. A cette vue, ses soldats lâchèrent pied et Chramme abandonné prit la fuite.

Arrivé près de la flotte où les Bretons se réfugiaient, il n'y trouva point sa jeune famille qui l'avait suivi; alors, bravant mille fois la mort, il revint sur ses pas à travers les bandes de fuyards poursuivis par les soldats de Clotaire, et la retrouva dans une pauvre cabane; Chramme au désespoir, prit ses enfants dans ses bras, et, suivi de sa tremblante épouse, il fuit à travers bois vers les navires qui l'attendaient; mais reconnu et enveloppé par les soldats de son père, il devint leur prisonnier.

Traîné devant le sanguinaire Clotaire, déjà meurtrier de ses neveux, ce père dénaturé fut insensible au repentir et aux larmes de ses enfants, il condamna Chramme et sa famille, à être brûlés vifs. Enfermés dans une cabane, cet ordre barbare fut exécuté, et les infortunés périrent dans les flammes.

Cette révolution, qui écrasa l'empire de Canao et ses bandes, eut des suites désastreuses pour la Bretagne qui fut traitée en terre conquise. Judual ne put même recevoir de la main de Clotaire le gouvernement de Rennes, de Dol et d'Aleth, qu'après avoir consenti à toutes les exigences que le vainqueur voulut lui imposer. Ces villes sont bien souvent redevenues, par la suite des temps, la proie des Franks.

Sous l'empire de Judual, les églises veuves d'Aleth et de Dol revirent leurs prélats et recouvrèrent leur liberté.

Malo, qui s'était échappé furtivement avec des gémissements et des larmes, reparut entouré d'unanimes respects. Les Alethiens qui avaient eu le malheur de l'outrager et la lâcheté de s'emparer de ses biens les lui rendirent, et, mus par le repentir, ils se livrèrent à toutes sortes de prières publiques.

Le prélat fut très heureux avant de mourir, de voir son troupeau revenir au bercail ; mais voulant quitter cette vie de tribulations et passer en repos le reste de ses jours, il prit la résolution de se retirer, nomma à sa place son parent Gurval, et retourna dans la Saintonge, où deux années après, c'est-à-dire le 16 novembre 565, il rendit son âme à Dieu.

Je vous ai parlé des incursions des Francks : on les vit revenir en 691, occuper et gouverner despotiquement toute la Haute-Bretagne.

Pendant leur séjour ils fermèrent les églises, chassèrent les pontifes et disposèrent militairement du revenu des églises ; leurs chefs furent appelés pour cela : *évêques d'épée*.

En 786, la Bretagne se réveilla soudain frissonnante d'indignation et de honte contre cette domination brutale, mais ce fut en vain. Les comtes refusèrent hautement le tribut et se préparèrent à combattre ; mais les soldats de Charlemagne répondirent à cet acte d'indépendance et de protestation contre leur domination, en ensanglantant la terre armoricaine.

En 809, nouvelle révolte, cette fois couronnée de succès : les troupes de l'empereur furent chassées. Mais deux années plus tard, le vainqueur des Saxons envoya une nouvelle et plus nombreuse armée qui subjugua et désola la Bretagne armoricaine. La tyrannie de ses lieutenants s'appesantit particulièrement sur le pays de Dol et d'Aleth. Allumé par leurs mains, l'incendie dévora les villes, les châteaux, les monastères. En vain les Alethiens, fuyant leur ville embrasée, crurent se sauver en se retranchant sur le rocher d'Aaron et jusque dans l'église bâtie par Malo. L'île fut assaillie et l'église réduite en cendres. Le vieil empereur, à la nouvelle de tant de désastres, fut cependant sensible aux horreurs commises par ses lieutenants, et, dès l'année 812, l'évêque Hélocar, avec son autorisation et même avec quelques secours, relevait sous l'invocation de Saint-Malo, l'église brûlée du rocher d'Aaron. Plus favorisé encore par Louis-le-Débonnaire, le digne évêque obtint de ce prince une charte de protection qui le replaçait, lui et ses successeurs, dans ses anciens domaines.

En 919, les Normands apparaissent et surprennent la ville d'Aleth qu'ils réduisent en cendres après l'avoir pillée ; et jusqu'à la moitié du XIIe siècle le pays fut à tout instant ravagé par ces gens du nord. Les incursions de ces pirates furent, pour ainsi dire, à l'état permanent.

En 962, le clergé d'Aleth attristé de tant de malheurs et sans protection suffisante, s'éloigna de sa ville chargé des saintes reliques dont il craignait la profanation. Salvator, leur évêque, avec ses clercs, se réfugia d'abord au monastère de Léhon, près Dinan : mais ce monastère menacé lui-même par ces hordes de barbares, fut évacué peu de temps après par les religieux.

Dans la crainte de voir un jour ou l'autre apparaitre ces barbares, l'église priorale fut dépouillée de ses richesses propres et de celles déposées en cet endroit comme en lieu sûr ; et Salvator, suivi de ses clercs, des religieux de Léhon et du clergé de Dol qui l'avait rejoint, se rendit à Paris où il mourut deux années après. Le prieuré de Léhon fut ensuite quarante années silencieux et désert.

Pendant ces temps désolés, la ville d'Aleth demeurée sans pontife et presque sans habitants, n'était qu'un monceau de ruines où quelques vieillards, retenus par l'âge, venaient s'asseoir et pleurer, en pensant à l'antique splendeur de cette cité ; et jusqu'à la moitié du XIIe siècle, les évêques d'Aleth n'eurent plus de résidence fixe ; ils erraient tantôt sur un point, tantôt sur un autre de leur diocèse, selon où ils trouvaient le plus de sécurité.

La ville de Saint-Malo naissait au milieu de ces orages, des débris même de celle d'Aleth.

Jean-de-Châtillon, élu évêque d'Aleth en 1143, conçut le projet de transférer le siège de son diocèse sur l'île d'Aaron, puisque l'ancienne ville d'Aleth, dont les ruines étaient de plus en plus dispersées, ne lui offrait plus aucune sécurité.

Les causes déterminantes de sa destruction n'avaient pas cessé d'exister. Le délabrement de la place rendait la défense difficile, et depuis des siècles les habitants regardaient comme une nécessité de salut public de se retirer sur les points les plus inaccessibles. C'est dans ces circonstances que, comme un nouveau Moïse, Jean-de-Châtillon leur montra le rocher d'Aaron comme refuge et comme patrie.

La ville d'Aleth anéantie, celle de Saint-Servan s'éleva peu à peu sur ses ruines par le trop plein même de celle de Saint-Malo ; et comme dans les siècles qui suivirent, le passé de cette ville se confond intimement dans celui de sa voisine, je ne vous en entretiendrai pas davantage d'une manière particulière, si ce n'est pour vous dire que c'est aujourd'hui la ville des amiraux.

Dinard la coquette

Comme toute ville née de la veille, Dinard n'offre pas de passé particulièrement intéressant. Comme pays, son passé se confond dans celui des cités voisines ; car, si Saint-Malo montre un passé riche en actions d'éclat pour ses enfants, c'est qu'il était bien la tête et possédait la bourse, mais les bras n'étaient pas seulement *intra-muros*, mais se trouvaient dans un rayon de quelques lieues à la ronde.

Particulièrement pour Dinard-Saint-Enogat, ce

pays est devenu depuis le commencement de ce siècle, la plus grande pépinière de capitaines marins, estimés et recherchés dans tous nos ports de commerce. Parcourez la campagne et rencontrez une belle habitation, c'est celle du capitaine X ; vous en voyez une autre, ce sera celle du capitaine Y ou de sa famille ; une troisième encore, et sûrement elle aura été bâtie par le capitaine Z.

Tous ces loups de mer vous parleront de Montevidéo ou des Indes ; du cap de Bonne-Espérance ou du cap Horn, comme vous des rues de votre ville. Pour eux les grandes voies sont liquides comme les vôtres sont solides ; à chacun sa tâche ici-bas !

Aujourd'hui Dinard est ville de bains ; laissons-la à ses plaisirs.

De Dinard au cap Fréhel

Voyez plus au loin cette pointe de rocher qui s'avance en mer et qui porte un sémaphore et déjà plusieurs villas à son point de départ : c'est la pointe du Décollé.

Pourquoi Décollé ? c'est que pour le franchir, pour le doubler, il faut s'éloigner de la côte et de son voisinage si on ne veut pas être brisé sur les écueils dont il est hérissé.

Un peu à droite et à un point plus éloigné, vous voyez le sable d'une grève : c'est l'anse de Saint-Cast.

C'est là qu'était embossée la flotte anglaise, et c'est à gauche, sur les Dunes, que s'est livrée la bataille de Saint-Cast, dont je vous ai entretenu. C'est aussi sur ces Dunes, un siècle plus tard, c'est-à-dire en 1858, qu'une colonne commémorative y a été érigée, pour en perpétuer le souvenir.

———

Vous voyez encore plus à droite le Château ou fort de la Latte, dont le passé bruyant retentit encore à mes oreilles.

Voilà ensuite le cap Fréhel. Ne quittons pas cette falaise escarpée sans rentrer un peu plus avant dans le passé !

C'est sur ce rocher des grandes falaises que le célèbre baronnet Goyon, au Xe siècle, posa fièrement sa citadelle. C'est là qu'en face de l'immensité, il veillait en sentinelle perdue ; c'est de là que quand il apercevait les escouades normandes venir, il appelait ses vassaux, ceignait son épée et sa cuirasse, et fondait sur ces agresseurs qui tentaient, selon leur plan ordinaire d'invasion, de remonter le cours des fleuves pour pénétrer dans l'intérieur du pays. Honneur à lui donc pour son courage indomptable !

———

Plus près de nous et à votre gauche vous apercevez un premier fort en mer, c'est celui de l'île Harbour.

C'est au pied de ce rocher qu'aux temps celtiques et de l'occupation romaine, se trouvait le principal port d'Aleth.

C'est sur ce rocher qu'Aaron accueillit l'évêque Maclovius, connu sous le nom de Saint-Malo, au sortir de sa barque, et le conduisit dans la chapelle Saint-Antoine qui s'y trouvait voisine.

C'est aussi après la disparition de la forêt de

Scissey que ce promontoire dénudé et entouré par les eaux par suite de la submersion de 709, devint l'île Saint-Antoine et ensuite l'île Harbour.

Le fort que vous y voyez date de 1689 ; également de la même époque cet autre fort un peu à droite et qui se nomme le Petit-Bey.

Quittons ce bastion du nom Saint-Philippe, d'où part le môle des Noires qui s'avance en rade. Gravissons les degrés de cet autre bastion du nom de la Hollande, ainsi nommé pour perpétuer le souvenir des flottes hollandaises qui vinrent menacer la ville en 1674, pendant qu'on s'occupait de sa construction.

En le traversant, rappelez-vous que c'est sous cette plate-forme, et au nord-est du bastion que se trouve l'ancienne loge des chiens du guet.

Avant de parcourir l'espace qui nous sépare de la tour Bidouane, ou de la poudrière, en piétinant ce rempart du XIIIe siècle, voyez cet îlot qui se présente devant vous, et qui est accessible de mer basse aux piétons ; c'est :

Le Grand-Bey

Ce rocher escarpé, couronné de ses ruines, que vous apercevez couvert d'un gazon si fin, si vert, et qui de mer basse est d'un accès facile, se nomme le Grand-Bey.

Sur cet îlot une chapelle sous le vocable de Notre-Dame-du-Laurier y a existé, elle était surtout en grande vénération au XVᵉ siècle ; mais comme tout prend fin en ce monde, elle a subi le sort commun et a disparu.

C'est près de l'endroit qu'occupait cette chapelle que Châteaubriand a fait creuser sa dernière demeure ; c'est là en face de l'immensité qu'il repose en paix depuis l'année 1848.

C'est au pied de ce rocher même que sa mère ressentit les premières douleurs de l'enfantement ; c'est à l'hôtel Châteaubriand, ancienne demeure de sa famille, aujourd'hui dépendance de l'hôtel de France, que son père, quand l'enfant parut dans ce monde, le reçut dans ses bras.

Plus en mer et à trois kilomètres vous voyez une île que l'on nomme Césembre. Comme le Grand-Bey et sous le nom de Saint-Zembre elle a eu sa chapelle et même un monastère occupé par des Cordeliers, et ensuite par des Récollets jusqu'en 1693, où il fut incendié par les Anglais faisant le siège de Saint-Malo.

C'est sur cette île que Nadaud de Buffon, le président des Sauveteurs-Bretons, doit avoir son tombeau ; c'est donc là qu'il espère reposer en paix, quand tous les éléments mugiront autour de lui sans repos ni trève.

La pleine mer

Passons devant la tour Bidouane et arrêtons-nous en face de cette nappe d'eau, la mer, parsemée d'écueils et renfermant dans son sein tout un monde, toute une flore.

L'espace que vous voyez en deçà de ces îles et de ces rochers qui sont en si grand nombre, n'a pas toujours été couvert par les eaux, car du Cotentin au cap Fréhel, au lieu des baies modernes de Cancale, de Saint-Malo, de l'Arguenon, de la Fresnaie, une suite de forêts d'une puissante végétation se déroulait successivement. Au-delà de ces forêts, des barques en osier recouvert de peaux, animaient seules le rivage.

Dans l'année 709 de notre ère, l'ancien littoral en s'affaissant, appela par un mouvement oscillatoire la masse liquide à combler les abîmes ouverts par ce déplacement de niveau, et l'Océan alors s'empara facilement de ce domaine offert à sa convoitise.

Pendant ce cataclisme, et alors que ces forêts étaient occupées par tous les animaux de la création, on vit dans la grande marée d'équinoxe du printemps de cette année, le flot poussé par un vent d'une violence extrême, pénétrer jusqu'aux entrailles des bois, déraciner des masses de chênes séculaires avec un fracas épouvantable, et en bouillonnant, entrer dans les antiques tannières des loups qui en sortirent en jetant des rugissements furieux et semèrent l'épouvante dans la contrée.

C'est à la suite de ce cataclisme que la mer successivement envahissante sur nos côtes, a fait de ce promontoire alors occupé à son sommet par les successeurs d'Aaron et de Malo, le rocher entouré par les eaux et habité sur ses flancs par de pauvres pêcheurs, ensuite le Saint-Malo que l'on voyait sur l'eau du temps des anciens corsaires, pour devenir le chef-lieu d'arrondissement que nous voyons aujourd'hui.

Le rocher Malo et la Machine Infernale

Avant de continuer notre promenade, arrêtons-nous un peu à contempler ce rocher, dont la cîme à mi-marée s'émerge des eaux, et autour duquel est réservé aux hommes la liberté de se baigner sans être complètement couverts ; c'est celui portant le nom de *rocher Malo*, en souvenir du choc qu'y reçut la machine infernale de 1693, en venant se briser sur lui.

La France était en guerre presque continuelle avec sa voisine l'Angleterre. Cette rivalité d'intérêts entre les deux nations, avait semé entre les deux peuples une haine implacable, qui se traduisait par des combats fréquents. Les Malouins, admirablement situés pour une guerre de forbans, entretenaient une nombreuse flotte de bâtiments légers, bons marcheurs, appelés corsaires, et en véritables écumeurs de mer, allaient dans toutes les directions pour s'emparer des bâtiments marchands ennemis pour en faire monnaie ou pour les détruire. Les Anglais, par suite des pertes considérables que les Malouins leur faisaient éprouver, résolurent de détruire leur repaire.

Guillaume III, leur roi, qui méditait comme ses devanciers la ruine complète de cette ville, organisa une expédition afin d'en tenter l'entreprise. Dans ce but, il envoya 30 voiles que les Malouins virent apparaître à l'horizon le 26 juillet 1692, et qui après avoir sondé les passes de la baie, et avoir inutilement bombardé le château de la Latte, saluèrent Saint-Malo de quelques centaines de bombes qui ne produisirent aucun dommage sérieux, et disparurent ensuite le 30, c'est-à-dire quatre jours après.

Le jeudi 26 novembre 1693, plus d'une année après cette visite inopinée, une flotte de douze vaisseaux de ligne, cinq galiotes à bombes, deux corvettes, trois brûlots, quatre brigantins avec chaloupes et canots, parut dans l'est sous pavillon français, vers une heure de l'après-midi, et mouilla vers quatre heures près du fort en construction, la Conchée.

Une bombe tirée dans la direction de la cathédrale et suivie d'une multitude de projectiles dissipa vite l'illusion de quiétude que s'étaient faite les Malouins en apercevant leur drapeau national flotter sur ses mâts. Cette feinte n'était qu'une ruse de guerre pour tromper les riverains.

Les Malouins s'attendaient si peu à cette attaque, dans une saison où les vents exercent leur puissante furie sur la baie hérissée d'écueils, que tous les bâtiments du port étaient désarmés, ainsi que la place.

Après le premier moment de stupeur passé, tous les cerveaux entrèrent en ébullition, un mouvement extraordinaire succéda à la surprise générale ; dans toutes les directions des courriers furent envoyés au roi, au duc de Chaulnes, gouverneur de Bretagne, etc. Un cavalier fit le trajet de Dinan en deux heures, son cheval creva sous lui en arrivant. Les garnisons de Dol et de Dinan s'empressèrent d'accourir.

Pendant ce temps les habitants animés par la vue du péril, frémissaient de rage à chaque globe qui traçait sa courbe incendiaire dans l'air. Il y eût parmi la jeunesse une généreuse émulation, à qui serait le plus vite employé, à qui exposerait le premier sa personne aux coups de l'ennemi.

Les compagnies, officiers en tête, furent vite sous les armes, le tambour battit dans tous les quartiers.

Le capitaine Grout à la tête de braves volontaires gagna de mer haute le fort Royal, s'y installa, pointa les canons et força l'ennemi à reculer sa ligne d'attaque. Malheureusement, des pièces trop échauffées éclatèrent et blessèrent quelques-uns de ces artilleurs improvisés, sans pour cela porter atteinte au sang-froid et au courage des autres. Le fort Harbour, les Beys, furent aussi abordés de mer haute, et ainsi que les bastions la Hollande, de la Reine et le Château, eurent leurs canonniers qui ripostèrent sans relâche au feu de l'ennemi.

Tout retentit sur la mer, dans la ville, le long du rivage ; chaque fort vomit des flammes et envoya le fer et la mitraille ; l'abime tonna et flamboya ; le ciel, éclairé par des décharges continuelles mugit comme une tempête.

A six heures un moment de relâche eut lieu dans l'attaque ; mais à sept heures l'ennemi recommença de plus belle, et pendant toute la nuit, dont rien ne saurait retracer le tableau, la flotte, les remparts et les îles fortifiées se répondirent sans interruption.

Le lendemain 27, au matin, les Anglais s'emparèrent du fort inachevé la Conchée, prirent les ouvriers à leur bord et incendièrent les échafaudages ; montés ensuite sur des chaloupes armées, ils atterrirent à l'île de Césambre et brûlèrent l'église et le couvent. Pendant ce temps, la plus grande partie des moines fuyait à toutes rames vers la ville sur des bateaux que dans la nuit on leur avait envoyés. Les autres se cachaient dans des trous de rocher ; un vieillard infirme resté seul dans le monastère fut fort maltraité.

A deux heures de l'après-midi, le bombardement se continuant terrible, le feu prit dans plusieurs maisons de la ville ; une partie de la population inutile pour sa défense fut envoyée hors des murs ; on vit alors les femmes entraîner leurs enfants et emporter ce qu'elles avaient de plus précieux ; les communautés religieuses suivirent avec toutes les richesses transportables de leurs sanctuaires. Ce moment d'émotion domina dans cet instant tous les esprits, et l'encombrement de ces bandes fugitives ne fit qu'un moment obstacle à la défense ; la nuit se passa moins terrible que la précédente.

Le samedi 28, vers six heures du matin, les galiotes reprirent sans succès le bombardement de la ville. Vers dix heures, l'habile canonnier malouin Doublet, par son tir du fort Royal, atteignit et mit en désordre des galères chargées de munitions et tua l'ingénieur en chef anglais qui était à bord de l'une d'elles.

Le dimanche 29, dès le matin, après avoir reçu des renforts, l'ennemi recommença la lutte et la continua toute la journée.

La nuit suspendit de part et d'autre les hostilités, la mer était grande et calme, la lune nouvelle, le silence partout ; on eût dit que le canon n'avait jamais grondé sur cette plage, tant la ville reposait tranquille au pacifique roulis de la lame qui la baignait : nuit trompeuse s'il en fut !

Tout le monde reposait donc dans une quiétude relative, sauf ceux commandés à sa garde, quand peu avant minuit, une secousse terrible vint avec fracas ébranler la ville et porter l'épouvante jusque dans les alentours. La ville parut toute en feu ; un atmosphère de bitume et de poudre l'enveloppait, les flots se soulevèrent d'une manière extraordinaire. Le tonnerre qui venait de se faire entendre, suivi de détonations multiples occasionnées par les éléments en combustion qui partaient successivement de l'horrible machine comme d'un volcan en éruption, se répercutaient à l'infini par les échos d'alentour. Il tomba de ce fait sur la ville et sur son port une grêle de mitraille, de vieux clous, des chaînes de fer et des morceaux de bois du navire, soit de sa carcasse, soit de sa mâture.

Les maisons tremblèrent sur leur base ; les vitres volèrent en éclats dans les rues ; les ardoises, les tuiles et les pierres jonchèrent le sol ; les croisées de fer des monuments publics furent enlevées, ployées ou tordues ; les arceaux rompus, les lambris défoncés ; la grande porte de la cathédrale brisée et les corniches endommagées. On trouva jusque dans les greniers, des barils de poudre, des canons chargés, des chaloupes remplies d'artifice, toutes pièces faisant ou devant faire explosion en tombant.

Ce qui augmentait surtout le désordre et l'effroi, c'est que personne dans ce moment de saisissement ne pouvait connaître ni la cause ni l'étendue du désastre. Chacun croyait qu'une bombe avait percé son toit et la cherchait d'étage en étage à travers les planchers décarrelés par la puissance de la commotion. Avec l'incendie et la foudre, tout l'Océan semblait avoir passé sur la ville, car des masses d'eau projetées par le brûlot submergèrent pendant un moment les rues et s'écoulèrent pendant plus d'une heure, comme si elles provenaient d'un orage.

Ceux des habitants qui s'étaient retirés sur le promontoir d'Aleth, en Saint-Servan, en voyant de là monter les colonnes de feu crurent la ville complètement embrasée et détruite, et s'enfuirent plus loin remplis d'épouvante. L'oscillation du sol avait été telle, qu'on la sentit à plus de trois lieues à la ronde. Ce prodigieux vacarme, toutefois, fit peu de victimes dans la ville : le factionnaire qui gardait la poudrière dut être pulvérisé par la puissance de l'explosion, car on n'en a jamais retrouvé trace. Les dégâts matériels furent évalués à soixante mille livres.

Le brûlot, sous les dehors d'une nef aux voiles noires, avait quitté l'escadre anglaise à la tombée de la nuit en prenant la haute mer, et par un demi-tour afin de bien prendre le vent, s'était dirigé à pleines voiles sur la tour de la poudrière; mais, soit par l'effet des courants, soit par la poussée du vent et de la marée, il fut contrarié dans sa marche, et au lieu d'arriver au point désigné, il fut se défoncer sur ce rocher.

Les quarante marins qui le montaient voyant la carcasse de leur navire déjà entr'ouverte, se hâtèrent d'allumer la mèche et de prendre le large au plus vite. Mais cette *machine infernale*, comme on l'a nommée depuis, défoncée et laissant pénétrer l'eau à son intérieur, ne produisit qu'une partie de son effet.

Les Malouins, debout tout le reste de la nuit, ne se rassurèrent que le matin, lorsqu'à mer basse ils virent couchée sur le flanc, à cinquante pas de leurs remparts, cette monstrueuse carcasse à trois ponts, de 90 pieds de longueur sur 18 de hauteur, armée pour leur destruction, et dont les cadavres des conducteurs, les membres épars pour quelques-uns, gisaient sur la grève.

En visitant cette horrible masse, les Malouins trouvèrent plus de 230 bombes qui n'avaient point pris feu. Les trois ponts étaient formés de barils de poudre recouverts d'un pied de maçonnerie et de toutes matières combustibles et explosibles inutiles à énumérer, faisant un tout formidable par sa puissance.

La population chargea dans la journée plus de quatre-vingts charrettes des débris de cette carcasse. Dans la ville, le grand mât de cette machine, avec ses vergues, fut projeté jusque sur la place du Pilori, aujourd'hui place Broussais ; son second mât avec ses cordages tomba dans une autre rue ; sa cloche et sa chaudière tombèrent près du corps de garde Saint-Thomas ; ses varangues, son gros câble et un grand morceau de la carcasse tombèrent aussi dans d'autres lieux ; et chose particulière, son cabestan, pièce énorme et qui ne pesait pas moins de 1,500 à 2,000 kilogrammes, alla tomber debout sur la couverture d'un cabaret nommé le *Croissant*, pénétra à travers tous les étages et s'arrêta, toujours debout, suspendu sur deux poutres, entre le lit de deux petites créatures qui y reposaient et celui de leur mère, et par son bout inférieur touchait presque la croupe de chevaux dont quatorze étaient à l'écurie, et dont il n'en blessa aucun.

Le gouverneur décida, afin de faire niche aux Anglais, que quinze de leurs compatriotes, ramenés prisonniers par un corsaire malouin quelques jours avant le bombardement, seraient promenés dans la ville et sur la grève, afin de leur faire voir que pas une maison n'avait été incendiée, et que les remparts étaient encore debout pour défier leurs mauvais desseins. Qu'ensuite ils seraient renvoyés à l'amiral commandant l'expédition, avec mission de le renseigner sur les dommages éprouvés, et aussi de lui dire qu'en fait de victimes il n'y avait que le factionnaire de la poudrière et un chat de gouttière. En réalité il y eut 10 personnes tuées et 15 de blessées.

Les Anglais, en apprenant l'insuccès de leur criminelle entreprise, levèrent l'ancre dans l'après-midi et disparurent à l'horizon.

Le mardi 8 décembre, Monseigneur de Guémadeuc, évêque de Saint-Malo, chanta pontificalement une messe d'action de grâces ; après vêpres il y eût une procession générale suivie d'un *Te Deum* auquel assistèrent les autorités ; les reliques de Saint-Malo furent ensuite exposées pendant neuf jours.

Le soir on alluma un feu de joie autour duquel on dansa de réjouissance d'avoir éprouvé si peu de perte en présence d'un pareil danger.

Bombardement de 1695

Près de deux années s'étaient écoulées depuis ce terrible bombardement, pendant lesquelles les corsaires malouins, sur les mille routes de l'Océan, avaient capturé un grand nombre de leurs vaisseaux, quand la vengeance britannique vint de nouveau s'exercer sur eux.

Le 14 juillet 1695, dès le matin, une nouvelle flotte anglo-hollandaise, cette fois, composée de 50 voiles dont 21 vaisseaux de ligne, montée par sept mille hommes, mouilla au nord de la Conchée, fort qui venait d'être terminé.

L'ennemi considérant ce fort comme le plus dangereux obstacle à ses opérations parut vouloir le détruire de fond en comble. Dans ce but, il détacha contre lui quatre vaisseaux de ligne, deux brûlots et quelques galiotes, qui l'attaquèrent sans grand succès, car une seule bombe tomba dans son enceinte ; mais il est juste de dire qu'elle lui tua deux hommes et pulvérisa le mobilier du commandant. Deux brûlots furent ensuite lancés contre lui sans plus de succès. Le fort de son côté leur répondit par un feu bien dirigé et pour eux bien meurtrier. Le bombardement de la ville qui avait commencé en même temps se poursuivit toute la journée.

La nuit se passa tranquille ; mais le lendemain 15, dès quatre heures du matin, le bombardement recommença de plus belle, et pendant onze heures, la flotte d'un côté, la ville et les forts de l'autre, échangèrent sans relâche leurs feux et leurs foudres.

Le samedi 16, même lutte depuis huit heures du matin jusqu'à sept heures du soir.

Dans ces trois jours la moitié des seize cents bombes qui furent dirigées sur la ville embrasèrent un grand nombre de maisons, dont sept se trouvèrent complètement brûlées. La ville ne dut son salut qu'au bon ordre avec lequel les uns combattirent l'incendie, pendant que les autres répondirent à l'ennemi.

L'escadre leva l'ancre et appareilla au moment où ces symptômes de ruine l'avertissaient du succès de ses armes ; mais les pertes considérables qu'elle avait éprouvées ne lui permettaient plus de continuer la lutte. Six cents hommes des leurs périrent dans ce combat, une galiote à bombes fut coulée et deux de leurs vaisseaux mis hors de service.

Les dégâts pour la ville furent évalués à cent trente mille livres.

Le fort National

Ne nous éloignons pas sans que je vous dise que ce fort que vous voyez près de nous, et qui a changé de nom comme la France de régime, fut élevé sur le rocher d'Islet au commencement du XVIIe siècle.

Ce rocher servait autrefois de lieu de justice patibulaire ; quatre poteaux y étaient plantés pour servir aux exécutions.

De la pointe de La Varde à Rochebonne

Voilà maintenant, dans le lointain et au nord-est, la pointe de La Varde avec sa guérite de douanier, et ce fort qui comme elle porte le nom de La Varde; vient ensuite le petit village du Minihis au bout de la grève de ce nom.

Minihis! Minihis! ce nom me rappelle qu'on nommait ainsi la limite extrême des *asiles* ou *refuges sacrés*, où la personne des criminels devenait inviolable, de quelque pays et de quelque nation qu'ils fussent. L'île d'Aaron tout entière était, depuis la mort de Saint-Malo, un *lieu de refuge* très célèbre dans les deux Bretagnes, et les coupables cessaient d'y être poursuivis, soit par les particuliers, soit par la justice, dès qu'ils avaient franchi la limite de ce territoire entouré par une multitude de croix qui semblaient mettre le fugitif à l'ombre et sous la protection du Christ. Les seigneurs ecclésiastiques étendirent ces limites jusqu'aux îles Harbour et Césembre, d'un côté, et jusqu'aux points de La Varde, La Flourie, Trégondé et Dinard, de l'autre. Le réfugié n'était obligé de sortir du minihis que dans le cas où son poursuivant jurait sur l'Evangile de ne point ni le mutiler, ni le tuer, n'exigeant de lui qu'une réparation pécuniaire.

En 778, Charlemagne assembla son parlement pour s'occuper des moyens de réprimer l'abus des asiles.

L'assemblée défendit bien de donner aucune nourriture à ceux qui, poursuivis pour crime capital, viendraient chercher l'impunité dans ces refuges ecclésiastiques ; mais cette décision ne fut point exécutée dans sa rigueur. Ces asiles n'ont pris fin que sous le règne de François Ier, de France.

Le promontoir qui vient ensuite se nomme Rochebonne remplaçant *Roche-bonne*, comme Paramé a remplacé *Pas-ramé*. Ce qui veut dire que dans les temps anciens, la petite distance qui séparait cette ville de ce promontoir n'était regardée que comme un pas ne pouvant se franchir qu'à la rame, et que Roche-bonne était le lieu le plus facile d'accès.

Depuis peu d'années ce promontoir s'est couvert de jolies habitations ; et comme en deçà et sur les dunes qui jadis désertes longeaient cette admirable grève, une transformation s'est opérée ; ce ne sont que villas modernes semant la vie, le mouvement, où n'existait que tristesse et solitude. C'est aussi la société des bains de la baie de Paramé-Saint-Malo, avec son hôtel qui ressemble à un palais, et son casino dont les fêtes splendides surpassent tout ce que l'on peut imaginer de bien et de beau. Honneur donc à tous ces princes des arts, des sciences et de la finance ! Qu'un succès perpétuel et bien mérité, couronne leurs efforts !

Le Château
(la tour Qui-qu'en-Grogne)

Nous arrivons au Château dont la pointe, dite de la *Galère*, s'avance comme un éperon dans la direction de l'est, et qui est flanqué de quatre tours principales nommées : *des Dames, Qui-Qu'en-Grogne, la Générale et des Moulins*. Deux faits principaux de l'histoire malouine se rattachent à la deuxième et à la troisième de ces tours, je vais donc vous en parler successivement.

La première que nous rencontrons est celle dite *Qui-Qu'en-Grogne*, ainsi nommée en souvenir de la rencontre sur sa plate-forme, d'une députation de bourgeois de la ville, à Anne de Bretagne en l'année 1500.

La reine Anne, fille du dernier duc de Bretagne, François II, devenue reine de France par ses mariages avec Charles VIII et Louis XII, tenait particulièrement à ses prérogatives de reine et de duchesse, et ne voulait reconnaître à personne le droit de se soustraire à l'obéissance qui lui était due ; voulant rabattre le caquet de ces citadins qui l'avaient si souvent fort mise en colère par leur fière attitude d'indépendance, décida de faire construire ce château-fort, que vous voyez devant vous, et d'y entretenir une garnison assez nombreuse pour les tenir en respect.

Les Malouins virent d'un très mauvais œil ces travaux de construction ; ils n'osèrent pas employer la violence pour les entraver, sachant qu'ils étaient surveillés de près par des troupes nombreuses qui n'attendaient qu'un signal pour agir ; mais lorsque la menaçante citadelle fut à peu près terminée, ils décidèrent d'envoyer une députation à la reine Anne qu'ils savaient en leur ville, et qui y était venue pour visiter les travaux de cette construction.

La députation se rendit au château où elle rencontra la reine sur la plate-forme de cette tour au milieu de toute sa suite. Le président de cette ambassade exposa humblement à la duchesse le sujet de leur visite et le désir qu'ils avaient de lui communiquer une requête dont elle demanda lecture immédiatement. Dans son contenu les Malouins disaient surtout : qu'ils ne croyaient avoir rien fait pour perdre les bonnes grâces de *la souveraine de Bretagne ;* que la milice bourgeoise avait suffi dans les temps passés pour assurer le bon ordre dans la cité ; qu'ils la suppliaient de ne pas remplir ce château de ses soldats car ils verraient là une preuve de méfiance qu'ils n'avaient pas méritée.

La patience n'était pas la vertu dominante de la duchesse, et il lui en avait fallu une grande dose pour entendre jusqu'au bout ce document. Dans cette lecture il ne lui avait pas échappé que les Malouins avaient soigneusement écarté tout ce qui aurait pu être pour eux une reconnaissance qu'ils étaient bien sujets de Bretagne.

La reine ne se méprit donc pas sur leurs sentiments ; alors prise subitement d'un violent accès de colère, elle frappa du pied à plusieurs reprises les dalles de la tour, et répondit à la députation en accompagnant ses paroles d'un regard de fierté méprisant : *De nombreux gens d'armes vous aurez céans, mes bons Malouins, quic-en-groigne, ainsi sera, c'est mon plaisir.*

Cette réponse et le geste impérieux qui l'accompagna, rendirent toute réplique inutile ; aussi les bourgeois se retirèrent-ils la tête basse et l'air consterné, sans même oser se communiquer leurs impressions sur cet accueil si peu gracieux de la duchesse.

Quand on apprit dans la population que la requête avait été repoussée avec mépris, des rassemblements tumultueux se formèrent et crièrent : démolissons le château ! sus la boiteuse ! et bien d'autres aménités de ce genre.

Messire de Bizien, prévôt de la ville, voyant que cette population affolée pourrait bien se porter à des excès, intervint, et après quelques tentatives infructueuses parvint cependant à rétablir le calme en lui prêchant la résignation en présence de son impuissance, et en lui montrant surtout, que la duchesse agirait de représailles et pourrait bien faire raser leur ville au point de ne devenir qu'un simple rocher comme autrefois, s'ils mettaient quoi que ce soit de leurs menaces à exécution.

Lorsque dans la suite des temps, les Malouins voulurent désigner cette tour, ce ne fut que sous le nom de Qui-Qu'en-Grogne. Une inscription portant ces mots a même figuré dessus jusqu'en 1789.

Lorsqu'en 1519, cinq ans après la mort de la duchesse, le château terminé déjà depuis quelques années, les Malouins apprirent qu'on leur envoyait un gouverneur militaire avec deux cents hommes d'infanterie, ils devinrent furieux. Comment donc ! nos bons bourgeois qui n'avaient pas voulu se reconnaître bretons, pouvaient-ils se résigner à devenir français sans protester ! Il n'y eut qu'une voix dans la population pour repousser ce que l'on considérait comme une lâcheté de souffrir. Il fut convenu que comme protestation et sans chercher à employer la force, on tiendrait fermée la porte de la ville à l'arrivée des soldats, et qu'ensuite le prévôt n'aurait aucun rapport avec le gouverneur, les Malouins ne pouvant pas se déshonorer en sanctionnant par leur présence l'usurpation du roi de France.

Les soldats à leur arrivée trouvèrent donc porte close et personne à répondre à leurs sommations. Réduits à cette extrémité d'enfoncer la porte pour pénétrer dans la ville ils n'hésitèrent pas, l'employèrent, et furent ensuite se caserner au château.

Le lendemain le gouverneur écrivit au prévôt pour lui annoncer son arrivée, mais ce dernier ne lui répondit pas, et le gouverneur se tenant pour averti résolut de se venger de ce mauvais procédé.

Aussi, le dimanche 28 mai 1519, quelques semaines seulement après l'arrivée des soldats, à neuf heures du matin et au moment où les cloches sonnaient à toutes volées, les cinquante hommes de la milice bourgeoise qui étaient commandés ce jour pour le service de la police de la ville se réunissaient sur la place de la Beurrerie, aujourd'hui Jacques-Cartier ; il était facile de voir sur la figure de ces braves Malouins une expression sombre et inquiète ; qu'y avait-il donc ? On leur avait rapporté que les soldats du gouverneur n'entendraient pas ce jour la messe au Château comme ils le faisaient depuis leur arrivée, et viendraient à la cathédrale ; quelle indignation !

A l'heure précise, Messire de Bizien, prévôt de Saint-Malo, parut sur le seuil de sa porte, vêtu de sa robe mi-partie blanche et orange accompagné d'un serviteur portant la bannière de Bretagne parsemée d'hermines ; à sa vue les rangs s'ouvrirent pour le laisser entrer au milieu d'eux et l'escorter jusqu'à la cathédrale, pour ensuite après l'office le reconduire à sa demeure, comme il était d'usage tous les jours de fête.

Mais quand le prévôt et son escorte arrivèrent sur la place de la cathédrale, un frémissement de colère s'empara de tous les hommes en apercevant déboucher d'un autre côté la troupe de Français avec leur bannière fleurdelisée, et se diriger comme eux vers la grande porte de cette église.

Français et Bretons se rencontrèrent sur le seuil. Les Malouins voulurent entrer les premiers ; les Français de leur côté n'étaient pas décidés à n'entrer que les derniers ; alors un choc violent eut lieu ; qui passera le premier des fleurs de lys ou des hermines ? les deux troupes en vinrent aux mains, elles se culbutèrent et entrèrent pêle-mêle dans le temple.

Pendant l'office divin les deux partis ne cessèrent de se mesurer du regard, et la cérémonie terminée, les Malouins se dirigèrent les premiers vers la porte de sortie, qui ne leur fut pas disputée par les soldats de François Ier. Pareille rencontre ne se renouvela pas dans la suite.

Descendons maintenant ces degrés et rendons-nous sur la place Châteaubriand, et en face l'entrée de ce château et de la tour la Générale, afin que je vous entretienne des événements de l'année 1590.

Prise du Château par les Malouins

Les Malouins, d'un caractère indépendant, et dévots au plus haut point, à la nouvelle de la mort de Henri III en 1589, prirent résolument parti pour les ligueurs contre Henri de Navarre. De Fontaine, gouverneur de Saint-Malo à cette époque, prit au contraire parti pour ce prince, et, étant monté sur la Qui-Qu'en-Groigne, il ordonna aux enfants qui jouaient au pied de cette tour de se répandre dans les rues de la ville et de crier : Vive le roi de France et de Navarre ! Ces enfants ne se le firent pas répéter deux fois et se répandirent dans toutes les directions en faisant pendant deux heures un vacarme assourdissant, excités qu'ils étaient par quelques partisans du gouverneur, jusqu'à ce que les bourgeois, indignés de ces cris qu'ils considéraient comme séditieux, les réprimèrent et châtièrent même ces petits innocents.

Le lendemain, jour de la fête de l'Assomption, dès le point du jour, le syndic se rendit au palais épiscopal, dont l'évêque était absent, et y fit appeler la population. Les habitants, tous sur pied en quelques instants, s'y rendirent et envahirent le manoir. Le syndic, alors, s'adressant à la foule étonnée d'un pareil appel à cette heure matinale, lui exposa que les événements tumultueux qui s'étaient passés la veille au soir à propos du changement de règne, prouvaient surabondamment que l'intention du gouverneur était de les soumettre au sceptre du jeune roi de Navarre.

Alors, excitant cette population en la prenant par

ses convictions religieuses, ses préjugés et ses craintes, il lui exposa les dangers que courait la religion, l'Etat et leur sûreté personnelle, sous la domination d'un roi hérétique.

Cette foule, au comble du délire et de l'exaltation, s'écria qu'il fallait prendre les armes pour résister à force ouverte, et plutôt laisser brûler la ville que de se soumettre.

Cette volonté de résister, prise de concert avec les capitaines généraux et particuliers présents, exalta tellement les esprits, qu'en un instant toute la ville fut sous les armes. Tous ces hommes, au paroxysme de la colère, se portèrent vers le château, y élevèrent des retranchements et des barricades ; rien ne put plus entrer ni sortir de la forteresse sans la permission des bourgeois.

Le comte de Fontaine surpris, dénué de vivres et de munitions, tint les portes fermées et le pont-levis levé, sans que le Château tira un coup de canon, sans que la foule lança un projectile. Les domestiques du gouverneur furent même autorisés à lui apporter des provisions, car, chose incroyable si elle n'était réelle, il n'avait pas même l'approvisionnement du jour ; alors on vit cette foule furieuse s'ouvrir librement devant les laquais de leur prisonnier, afin de les laisser vaquer à leur service.

Dans l'après-midi cette échauffourée en était venue à une confusion extrême sans but déterminé. Le procureur-syndic voyant cet état d'effervescence et voulant donner à ce mouvement son véritable caractère, fit comprendre à l'assemblée que les armes avaient été prises uniquement pour sauvegarder la sûreté, l'indépendance religieuse et la liberté des habitants ; qu'on s'était réuni en vue du bien public et non contre l'autorité du gouverneur, qu'ils respectaient.

Le chanoine Feydeau, prêtre estimé de tous, fut chargé d'entamer des pourparlers qui aboutirent à un compromis entre le gouverneur et la population ; ainsi se termina cette prise d'armes.

Les rapports avec le gouverneur allèrent ensuite tant bien que mal jusqu'au mois de février de l'année suivante, époque où les Malouins ayant eu à se plaindre des garnisons de Châteauneuf et du Plessis-Bertrand, pour les rapines qu'elles faisaient sur les approvisionnements destinés à leur ville et qui leur occasionnaient un préjudice notable, s'adressèrent à lui pour qu'il voulut bien se charger d'obtenir des deux capitaines qui commandaient ces postes de cesser leurs hostilités. La requête présentée fut bien accueillie du gouverneur, des promesses formelles de les faire cesser furent données, mais les actes n'y répondirent point car les hostilités continuèrent.

Les Malouins, mis dans cette alternative : ou de continuer à souffrir ces rapines, ou de s'adresser à leurs auteurs pour en obtenir satisfaction, prirent résolument ce dernier parti et dépêchèrent à cet effet vers Châteauneuf, l'un des juges de la ville, sieur de la Motte, avec mission de réclamer du capitaine la restitution des marchandises capturées. Ce messager s'y rendit et après avoir rempli sa mission s'en revenait à la nuit tombante, lorsqu'arrivé à Saint-Servan il fut assailli, volé et assassiné par quelques soldats du Château, qui se réfugièrent ensuite au fort la Latte.

L'antipathie connue du gouverneur pour le magistrat messager, fit que l'opinion publique l'accusa d'avoir inspiré ce forfait. Aussi, le Conseil assemblé résolut-il de lui demander satisfaction en exigeant qu'il fit rechercher les coupables, afin de les saisir et de les punir.

A la suite de ce tragique événement l'irritation ne fit que grandir contre le gouverneur, et la résolution d'en finir avec lui qui jusque-là n'avait été que latente se forma tout-à-fait, et les malouins décidèrent de faire l'escalade du Château afin de s'emparer de sa personne.

Le sieur La Motte, ce messager assassiné, laissait dans la garnison du Château un neveu du nom de Lemère de la Chapelle qui y avait un commandement. Pour l'associer à leurs projets, les bourgeois firent appel à son ressentiment et aussi à sa cupidité en lui promettant huit mille écus sur les trésors de de Fontaine. Ce soldat, énivré tout-à-coup par l'espoir d'un pareil gain, accepta d'emblée d'entrer dans le complot.

Les principaux conjurés assemblés pour décider des voies et moyens qui lui offraient le plus de chance de succès pour s'emparer du Château s'arrêtèrent à celui d'en tenter l'escalade avec une échelle de corde et par la tour la Générale, car on était sûr de n'y trouver ni garde ni sentinelle, cette tour de 35 mètres de hauteur était considérée comme inaccessible.

A cet effet, on fit filer dans la cour de l'évêché le chanvre destiné à la confection de cette échelle, qui devait être assez forte et assez large pour tenir deux hommes de front dans toute sa longueur. Elle devait être enlevée à l'aide d'une cordelette envoyée par Lemère et assujettie par lui à son extrémité supérieure, soit au parapet ou soit à la volée d'un canon,

Deux mois s'étaient écoulés en préparatifs ; cette échelle à trois cordes reliées par des barreaux en bois était sur le point d'être terminée dans une maison inhabitée, c'est-à-dire loin des regards indiscrets, quand les chefs convinrent de revoir Lemère afin d'arrêter de concert avec lui les dernières dispositions.

L'ayant rencontré, ils le trouvèrent étonné qu'on ait pu persister dans une pareille entreprise, et ensuite fort irrésolu quant à son concours. Cependant, lui ayant rappelé les promesses qu'il avait faites et les engagements qu'ils avaient pris envers lui, ils le décidèrent de nouveau, avec cette condition exigée par lui, qu'ils lui adjoindraient un compagnon.

Les bourgeois se mirent à la recherche d'un nouveau complice dans la citadelle afin de seconder Lemère, et ne tardèrent pas à mettre la main sur un nommé James Rose, sujet écessais, qui avait servi sur les navires malouins, et qui, dans la place, vivait lui et sa fille aux gages du gouverneur ; cet homme trouvait mauvais que de Fontaine fut amoureux de sa fille et lui fit des présents.

Cette espèce de Virginius saisit brutalement l'occasion de vengeance que lui offrirent les bourgeois, et pour le stimuler encore davantage ils lui promirent deux mille écus. Les deux complices mis en rapport se promirent assistance mutuelle et jurèrent de ne manquer ni de cœur ni de courage.

Les conjurés rassurés sur ce point important s'occupèrent d'en terminer les préparatifs et fixèrent l'escalade au dimanche soir, nuit du 11 au 12 mars 1590, parce qu'il y avait moins de mouvement dans la population ces soirs de jours de fête ; parce que aussi la mer devait être basse et qu'ils avaient chance, vu leur éloignement probable, de ne pas être inquiétés par les chiens du guet dont les aboiements étaient à craindre, et pouvaient attirer l'attention sur eux.

Six vieillards des plus vénérés de la ville furent chargés de réunir au jour fixé cinquante-cinq jeunes gens des plus déterminés, sans leur découvrir le fond de l'entreprise, les engageant seulement à se trouver le jour convenu, à dix heures du soir, dans la maison de Frotet la Landelle, père, l'un des capitaines généraux qui, avec Pépin de la Blinaye devait commander l'entreprise. Ils leur recommandèrent, et cela afin de ne pas éveiller l'attention, de ne faire aucun acte de dévotion, comme ils le faisaient ordinairement quand ils partaient pour une expédition lointaine. Quelques bourgeois avaient reçu l'ordre de faire sonner les cloches après l'escalade et au moment de l'attaque du château, afin de jeter l'alarme dans la population et en la faisant se réunir sur un point donné, de faire croire à la présence d'une armée auxiliaire.

Le jour fixé étant enfin arrivé, tout le monde était dans l'anxiété et dans l'attente de la nuit, quand Lemère, vers les deux heures de l'après-midi, entra chez le syndic et lui peignit les remords de sa conscience et les regrets qu'il avait d'avoir donné sa parole de seconder l'entreprise. Le syndic s'efforça de le calmer en lui conseillant de se débarrasser de ces vaines appréhensions, car il n'était plus temps de reculer. Il fit venir l'Ecossais, qui, mis en présence de Lemère, se moqua de sa pusillanimité et proposa résolument de faire la besogne tout seul. Cette énergie montrée par l'Ecossais rassura Lemère, qui honteux, promit de nouveau aide et assistance.

Entre dix et onze heures du soir, les chefs de la conjuration et les cinquante-cinq enrôlés s'acheminèrent sans bruit vers la maison de Frotet la Landelle, avec leurs armes accoutumées. Ils ignoraient presque tous ce que l'on demandait à leur courage et croyaient qu'il s'agissait de tenir corps de garde extraordinaire comme cela se pratiquait quelquefois; mais à peine avaient-ils franchi le seuil de l'hôtel que tout prenait un aspect inattendu : la porte ouverte pour les entrants se refermait pour ceux qui voulaient sortir. La salle n'offrait à la vue que du fer, des figures graves pleines de rudesse et de résolution, des têtes blanchies aux quatre vents, d'énergiques physionomies de jeunes gens déterminés, sous la conduite de leurs vaillants capitaines.

A onze heures, l'assemblée des conjurés était complète, pas un seul des appelés n'avait fait défaut; mais tous, en un profond silence, attendaient de la bouche des anciens ce qu'il leur plairait de leur apprendre sur le but de la réunion. Le syndic,

Picot de la Giquelais, prenant alors la parole fit apporter l'échelle d'escalade et harangua l'assistance en ces termes :

Messieurs, nous sommes assemblés ici pour une affaire de la plus haute importance puisqu'il s'agit non seulement de notre vie, mais de notre religion, qui nous doit être plus chère que mille vies, On en veut à l'une et à l'autre ! et si l'occasion s'en fut présentée, le seigneur de Fontaine aurait déjà exécuté ses mauvais desseins contre nous. Vous savez qu'il est d'intelligence avec le roi de Navarre, comme il nous l'a fait entendre clairement lorsqu'il dit que s'il venait à Saint-Malo il ne pourrait pas s'empêcher de lui ouvrir les portes du château, et lui faire ouvrir celles de la ville. On n'ignore pas aussi qu'il a des intelligences avec le prince de Dombes, gouverneur de Bretagne, qu'il fait solliciter de venir à Saint-Malo pour saccager notre ville et nous ôter la vie; et si Dieu par une bonté particulière n'eût détourné le dessein du Roi de Navarre d'y venir, nous ne nous verrions plus, et nous serions réduits dans l'état le plus pitoyable. Je ne sais pas ce qui anime le sieur de Fontaine contre nous, n'ayant eu pour lui que du respect et de la soumission. Nous n'avons rien fait sans son autorité ; nous lui avons même donné librement deux mille écus par an ; cependant il nous regarde tous comme des brouillons et des rebelles parce que nous ne voulons pas nous soumettre au prince qui veut faire périr nos âmes et les infecter du venin et de la plaie criminelle de l'hérésie, nous qui avons été élevés dans l'église de Dieu.

Ne permettons pas, mes très chers compatriotes, qu'on fasse violence à notre sainte religion, et faisons tous nos efforts pour empêcher une telle violence, faisons tomber dans la fosse ceux qui l'ont creusée, et ôtons au sieur de Fontaine le gouvernement de notre ville en nous emparant de ce château que les rois précédents avaient confié à notre garde parce que nous leur avions donné des marques de notre fidélité. M. de Fontaine nous a ôté la garde de ce château pour y loger avec lui une troupe de voleurs qu'il a fait venir de son pays de Touraine, et qui croient déjà tenir nos biens et nos richesses, ou n'attendent que le moment de s'en emparer.

Vous avez été choisis entre tous pour cette expédition ; nous n'en connaissons point dans la ville de plus zélés que vous pour notre conservation et pour défendre la foi catholique. Je sais que je n'ai point besoin de vous y exhorter, étant tous gens d'honneur et de courage ; votre valeur est connue : je ne puis que mettre l'affaire à vos soins, sous la conduite de nos deux vaillants capitaines.

Frotet de la Bardelière, l'un des capitaines, prit ensuite la parole et remercia les anciens, par de chaleureuses paroles, de l'honneur qui lui était réservé de guider la jeune troupe, Ensuite, ces braves jeunes gens s'applaudirent de concert d'avoir été jugés dignes d'une aussi noble entreprise, et tous jurèrent de faire le sacrifice de leur vie, pour sauver leurs concitoyens.

Le bruit, inventé pour les besoins de la cause, que le prince de Dombles appelé par de Fontaine s'avançait avec cinq mille hommes pour saccager la ville, mit le comble à leur irritation. Sur la foi de ce bruit, on retint longtemps après l'heure de relevée, les compagnies qui se trouvaient de service sur les remparts de la ville.

A onze heures et demie, tous les conjurés, armés d'une manière plus formidable que quand ils étaient entrés, sortirent successivement et avec précaution. Chargés des objets nécessaires à leur expédition, et par un beau clair de lune, ils se dirigèrent vers l'escalier intérieur des remparts qu'ils franchirent, et ensuite se laissèrent glisser à l'aide de cordes dans la grève de la Croix-du-Fief, dont je vous ai parlé. Ils furent obligés de choisir ce moyen d'en franchir l'enceinte, par la raison que les clefs de la seule porte de la ville se déposaient chaque soir au château, après la fermeture.

Réunis sur cette grève, dans l'endroit même où se trouve élevée la porte Saint-Vincent, ils se dissimulèrent un moment sous le ventre d'un navire, et se dirigèrent ensuite vers l'angle du rempart avec la tour La Générale. Ils cherchèrent la corde qu'ils trouvèrent abaissée et à les attendre ; ils y fixèrent leur échelle que les deux traîtres attirèrent à eux, et qu'ils fixèrent solidement au col d'une couleuvrine qui dépassait l'embrasure. Cette échelle était tenue à bonne distance de la tour par des rouleaux en bois, enveloppés d'étoffe, pour qu'aucune sonorité ne puisse se dégager du frottement.

A peine cette opération était-elle achevée, qu'à un signal donné, l'expédition remplit les échelons du mobile échafaudage, et tous, Frotet de la Bardelière et Charles Ancelin, en tête, formèrent une colonne aérienne d'hommes armés. Mais, au moment où la tête de cette phalange d'hommes déterminés atteignait la plate-forme, un craquement se fit entendre, la couleuvrine ayant fait un mouvement de bascule avait fait descendre l'appareil en donnant une secousse telle, que toute cette grappe humaine eût lâché prise si elle n'avait été, pour la plus grande partie, composée de gens de mer habitués au vacillement des mâts et des cordages sous la tempête. Un seul, nommé Langevinais, gentilhomme de Dinan, devenu fou d'épouvante, se laissa choir. Cette alerte au lieu d'avoir diminué le courage des assaillants, ne fit plutôt que redoubler leur témérité, par la peur qu'ils éprouvèrent d'avoir donné l'alarme. Ils envahirent prestement la plate-forme sans avoir été entendus des gardes placés sur les autres parties du château.

Frotet, après s'être assuré qu'il avait tous ses hommes, confia la garde de la plate-forme à douze d'entre-eux pour assurer la retraite en cas d'insuccès, et partagea le reste de sa petite troupe en deux bandes, qui, guidées par Lemère et James Rose, arrivèrent par des voies différentes au corps de garde qu'elles surprirent et dont elles s'emparèrent après quelques minutes de résistance. Huit soldats furent tués et quelques malouins seulement blessés.

La garnison tout entière, éveillée à ce fracas, courut aux armes ; mais croyant avoir affaire à des forces bien supérieures elle recula après avoir essayé d'une résistance et perdu quelques hommes. Une partie fut enfermée prisonnière dans le corps de garde, et le reste éperdue se dispersa pêle-mêle dans les dépendances du château, sauf une trentaine d'hommes qui se réfugièrent au donjon.

Après avoir balayé la place par l'impétuosité de leur attaque, les assaillants allumèrent dans l'avant cour de grands feux à la clarté desquels ils purent se reconnaître. En même temps le tocsin sonnait, la ville entière debout et sous les armes éclatait comme un volcan ; une foule immense, hommes, femmes, enfants se réunissait et se pressait en face de la citadelle. On n'entendait alors qu'un infernal tintamarre formé des voix et des mouvements de cette multitude enfièvrée par le son des cloches et par le bruit des arquebusades, dont le feu roulait sans interruption.

Ce tapage extérieur était l'œuvre du procureur syndic, pour faire croire à un soulèvement général de la population. Les gardes descendantes et montantes avaient été réunies sous ses ordres et faisaient une fusillade à poudre, en même temps que des hourrahs de la multitude se faisaient entendre.

Frotet La Landelle qui commandait à l'intérieur de la ville fit apporter et placer une échelle en travers de la douve pour la franchir, et demanda ensuite l'entrée du château afin de coopérer à la prise du donjon. Le portier voulut faire résistance, mais devant une sommation formelle il fut contraint d'ouvrir la porte et d'abaisser le pont-levis.

Aussitôt que La Landelle et ses hommes furent réunis aux autres assaillants l'attaque du donjon commença, et après trois quarts d'heure de résistance, une capitulation honorable ayant été offerte au gouverneur, il fut répondu aux malouins que ce dernier avait été tué d'un coup d'arquebuse, alors qu'il était au haut du donjon. La résistance étant vaincue sur tous les points, le château fut envahi par la foule et le pillage commença. Sept mille écus d'or appartenant au gouverneur furent partagés entre les cinquante-quatre jeunes gens qui avaient escaladé la tour ; les bijoux furent pour les capitaines commandants de l'expédition ; les superbes tapisseries, la vaisselle d'or et d'argent, les chevaux, les meubles, le linge et tous les autres objets, à ceux qui s'en emparèrent. La garde du château fut ensuite confiée à La Bardelière avec soixante hommes.

Le lendemain, à dix heures du matin, les cloches de la cathédrale appelaient les malouins pour une messe solennelle d'actions de grâce, cérémonie qui fut suivie d'un sermon de circonstance, d'une procession générale où furent portées les reliques de Saint-Malo, et qui se termina par un *Te Deum*. Tout le peuple glorifia Dieu d'avoir changé sa captivité en liberté, sa tristesse en joie, son mal en bien, en le retirant des portes de l'enfer pour le transporter en un lieu de repos.

Le 11 janvier 1592, sur la requête de Madame veuve De Fontaine, le parlement de Bretagne rendit un arrêt de mort contre tous les auteurs ou complices de cet attentat ; mais les malouins ne s'en émurent pas, car possédant cette mâle résolution puisée dans le sentiment de leur force, ils se montrèrent jaloux de rester maîtres chez eux, et ne voulurent jamais subir le joug d'aucun parti.

L'intérieur de la Ville

Après l'extérieur, visitez l'intérieur de la Ville. Je dis visitez, car je vais vous quitter après vous avoir donné quelques renseignements, quelques conseils.

Plusieurs maisons doivent surtout attirer votre attention, tant par leur ancienneté que par leur souvenir.

Pour la première ; poursuivez la rue St-Thomas, cette rue qui a été témoin de toutes les émeutes populaires fomentées contre le château ; allez jusqu'à la rue Jean-de-Châtillon, suivez cette rue à droite jusqu'à la cour de Lahoussaye et vous vous trouverez en face de la plus ancienne demeure seigneuriale de la ville, qui, après avoir donné asile à des reines, donne aujourd'hui refuge à des journaliers. Cette maison avec sa tour octogone date du 13me siècle, on la nomme la maison de la DUCHESSE ANNE, en souvenir de l'asile qu'elle lui fournit en l'année 1500, quand elle vint visiter les travaux du château. Depuis, elle a aussi donné abri à la reine CATHERINE DE MÉDICIS, quand elle vint en 1570 visiter la contrée, avec CHARLES IX, son fils.

Revenez ensuite sur vos pas jusqu'au n° 2 de cette rue Jean-de-Châtillon, et vous vous trouverez au pied de la maison en bois où est né, en juin 1673, le corsaire Duguay-Trouin, devenu amiral de France.

A quelques pas plus loin, et de l'autre côté, remarquez cette maison rajeunie portant le n° 35 de la rue Porcon de la Barbinais, c'était celle de Frotet la Landelle, où se réunit la conjuration de 1590.

Continuez à monter la rue jusqu'à la place Broussais, ancienne place du pilori, que vous traverserez, et en face vous trouverez la rue du Boyer, voie assez étroite, et dont la lumière, depuis sa formation, n'a guère brillé dans les pièces du rez de-chaussée de ses habitations.

Aux nos 28 et 29 de cette rue vous trouverez encore de ces maisons de bois du 13e siècle, avec leurs pignons sur rue. Je vous signale surtout celle du no 28 qui se trouve en face de la rue Gouin de Beauchêne. Toutes ces maisons vous donneront une idée de cette ville au moyen âge, alors, où chacun des étages avançait sur celui qui lui était inférieur, et vu leur hauteur, permettait aux ménagères, dans certaines rues, d'échanger la tonde et le briquet par les étages supérieurs, tant la distance était rapprochée, étant admis déjà une rue bien étroite.

Qu'est-ce donc que la tonde me demanderez-vous ? C'est tout simplement du linge brûlé et étouffé dans le double fond de leur chandelier. Cette tonde pour les citadins, comme le bois mort pour les campagnards, était destinée à recevoir l'étincelle de leur briquet et à leur permettre, avec leurs grandes allumettes souffrées des deux bouts, d'allumer leur pétoche, ou leur graisset, leur mirette de résine ou encore leurs copeaux dans leurs immenses foyers.

Continuez cette rue du Boyer jusqu'au no 10 et tournez à droite, traversez le square Duguay-Trouin où se trouvait jadis le jardin de l'évêché et rendez-vous à l'hôtel-de-ville, élévé lui-même sur le terrain occupé pendant des siècles par le palais épiscopal. En parcourant les salles de cet hôtel, vous y verrez les portraits d'un petit nombre des grands hommes qui ont illustré leur ville.

Quel est donc cet homme, avec la mise du 16ᵉ siècle, qui voguant en pleine mer, regarde l'horizon d'un air attentif, vous demanderez-vous ? C'est le navigateur à la découverte, JACQUES-CARTIER, qui en 1534 et années suivantes, découvrit le golfe Saint-Laurent, et donna à la France l'île de Terre-Neuve, le Canada et d'autres contrées.

Je le vois encore, accompagné de ses officiers et de ses matelots, se rendre processionnellement le 16 mai 1535 à la cathédrale, pour y communier et recevoir la bénédiction du pontife malouin. Je le vois aussi sortir du port trois jours après pour faire sa deuxième expédition, et se diriger vers l'Amérique du Nord, avec les trois navires la *Grande Hermine*, la *Petite Hermine* et l'*Emérillon*.

Vous y verrez ensuite et successivement ceux de : Porcon de la Barbinais, Moreau de Maupertuis, Duguay-Trouin, Trublet, Mahé de la Bourdonnais, André Desilles, Robert-Surcouf, Jean-Marie et Félicité de Lamennais, Broussais, Boursaint, Toullier, de Châteaubriand et plusieurs autres.

PORCON DE LA BARBINAIS, Pierre, officier de marine, né à Saint-Malo, en 1639, mort à Alger en 1667.

Porcon de la Barbinais reçut en 1665 le commandement d'une frégate armée et équipée par la ville de Saint-Malo pour protéger son commerce dans les mers du Levant contre les pirates qui les infestaient.

Cet officier devint bientôt la terreur des barbaresques ; ceux-ci réunirent des forces si considérables contre lui qu'il finit par tomber entre leurs mains après de sanglants combats. Peu de temps après, la flotte française commandée par le duc de Beaufort, ayant pour second le fameux chevalier Paul, vint bloquer étroitement la ville d'Alger. Le Dey, bientôt réduit aux dernières extrémités et pensant que Porcon de la Barbinais devait être un homme considérable dans sa patrie, l'envoya porter des propositions de paix à Louis XIV, après lui avoir fait jurer de revenir, et l'avoir prévenu que la tête de six cents français prisonniers répondait de sa parole. Les propositions étaient inacceptables, elles furent rejetées.

Porcon de la Barbinais vint à Saint-Malo et s'empressa de mettre ordre à ses affaires, fit ses adieux à sa famille, à ses amis, à son pays, et, nouveau Régulus, retourna sans hésiter à Alger, où le dey le fit décapiter en sa présence.

Moreau de Maupertuis, Pierre-Louis, géomètre célèbre, naturaliste, né à Saint-Malo en 1698, mort en 1759. Chevalier de l'ordre du mérite, président perpétuel de l'académie de Berlin, et l'un des quarante de l'académie française. Il fut envoyé en Laponie en 1736 mesurer un arc du méridien terrestre, pour aider à déterminer plus exactement la figure de la terre.

Duguay-Trouin, Réné, célèbre marin, chef d'escadre, né à Saint-Malo en 1673, mort en 1736.

Destiné par sa famille à l'état ecclésiastique, elle fut obligée d'y renoncer de bonne heure et d'embarquer l'enfant sur un corsaire malouin. Après plusieurs voyages dans lesquels il montra une grande bravoure, ses concitoyens lui confièrent à 18 ans un petit corsaire de 14 canons avec 98 hommes d'équipage, pour en avoir bientôt un autre de 18 canons avec 140 hommes ; et successivement parcourut les mers pendant 44 années, montra toujours le plus grand courage, obtint tous les honneurs, et mourut chef d'escadre à l'âge de 63 ans.

Trublet, (l'abbé), Nicolas-Charles-Joseph, sieur de la Flourie, né en 1697, mort en 1768.

Membre de l'académie Française et de celle de Berlin, archidiacre et chanoine de l'église de Saint-Malo ; auteur d'ouvrages estimés.

Mahé de la Bourdonnais, Jean-François, né à Saint-Malo, en 1699, mort en 1755.

En l'année 1709 ; c'est-à-dire à l'âge de 10 ans, il fait son premier voyage dans les mers du Sud ; à 14 ans il est nommé second enseigne sur un vaisseau malouin ; et à 35 ans est nommé gouverneur général des îles de France et de Bourbon.

André Desilles, Joseph-Marie, officier du régiment du roi (infanterie), né à Saint-Malo le 11 mars 1767, mort à Nancy, le 17 octobre 1790.

En octobre 1790, lors de l'insurrection de Nancy, le régiment de Chateauvieux, révolté contre ses chefs, occupe une des portes de cette ville ; il a tourné quelques pièces de canon contre les soldats du marquis de Bouillé qui s'avance pour rétablir l'ordre ; une lutte est imminente entre l'avant-garde suisse qui s'avance et les révoltés. André Desilles s'efforce de prévenir un affreux combat en se plaçant à la bouche d'une pièce de 24, mais ils l'en arrachent ; alors il s'assit dessus en bouchant la lumière avec son corps. Son action n'arrête pas les rebelles, ils veulent l'éloigner, ils le menacent, tentent de l'enlever. Desilles se débat contre ces furieux, il se cramponne au canon, et dans cette lutte suprême il reçoit quatre coups de feu et tombe renversé ; il survécut encore huit jours à ses blessures.

Une décharge partit ensuite et plus de 50 hommes de cette avant garde tombèrent ; alors les camarades se précipitèrent en avant, une mêlée générale s'en suivit, et les représailles furent terribles.

TOULLIER, Charles-Bonaventure-Marie, né en 1752, mort en 1835. Célèbre jurisconsulte.

CHATEAUBRIAND, François-Réné, né en 1768, mort en 1848. Poëte, écrivain, homme d'état, et dont les restes reposent sur l'îlot du Grand-Bey.

BROUSSAIS, François-Joseph-Victor, né en 1772, mort en 1838. Médecin célèbre, un des hommes de son temps qui occupa le plus la renommée, et remua les intelligences et les passions contemporaines.

SURCOUF, Robert, né en 1773, mort en 1827.
Célèbre marin, qui, embarqué en 1789 à l'âge de

15 ans et jusqu'en 1809, écuma continuellement la mer des Indes, en faisant aux anglais une guerre acharnée. Il ne lui manqua pour égaler la gloire de son illustre compatriote Duguay-Trouin, que d'avoir commandé des escadres. Son nom et celui de ses deux navires la *Confiance* et le *Revenant* ont passé dans la mémoire des marins à l'état légendaire. Surcouf, négociant-armateur, esprit aventureux, homme d'action et de cœur, résume à lui seul, pour Saint-Malo, l'époque où il a vécu.

Boursaint, Pierre-Louis, né en 1781, mort en 1833.

Conseiller d'état, commissaire général de la marine de France.

Lammennais, (l'abbé), Jean-Marie, né en 1780, mort en 1860.

Fondateur de l'institution des frères de Ploërmel, pour l'instruction primaire.

Lammennais, (l'abbé), Félicité-Robert, né en 1782, mort en 1854.

Un des grands écrivains du XIXe siècle, auteur de l'essai sur l'indifférence en matière de religion, et des paroles d'un croyant, où la grandeur du style s'unit à celle des pensées.

Grout de Saint-Georges, chef d'escadre de la marine royale, né à Saint-Malo en 1704, mort en mer, à bord du vaisseau le *Fortuné*, en 1763.

Grièvement blessé dans un combat contre les anglais, manquant de munitions, il fait briser sa vaisselle plate et toute son argenterie, en chargea ses canons et envoya cette dernière décharge à l'ennemi. Vaincu, fait prisonnier, il devint l'objet de l'admiration et des hommages du vainqueur.

LE GOUVERNEUR, Guillaume, né à Saint-Malo en 1545, mort en 1630.

Evêque de Saint-Malo et député du clergé aux Etats de Bretagne.

Pour l'histoire locale vous trouverez : la *prise de Rio-Janeiro*, en 1711, par la flotte en grande partie composée de navires malouins et de quelques vaisseaux de la marine royale, et commandée par Duguay-Trouin.

Prise du *Kent*, en 1800. Vaisseau anglais de 35 canons et de 437 hommes d'équipage, par Robert-Surcouf, commandant la *Confiance*, ayant 18 canons et 185 hommes d'équipage.

Explosion de la machine infernale, le 26 novembre 1693.

Découverte du Canada, par Jacques-Cartier, en 1534.

Combat de Saint-Cast, en septembre 1758.

Escalade du château, en mars 1590.

Inhumation de Châteaubriand, en 1848.

Ne vous retirez pas sans aller visiter le musée de la ville, qui se trouve à l'étage supérieur.

A la première exposition vous apercevrez de

vieux morceaux de bois ayant appartenu à la carcasse d'un navire : ce sont des restes de la *Jeune-Hermine*, que Jacques-Cartier avait été obligé d'abandonner dans la rivière Saint-Charles, au Canada, en 1536, et qui ont été envoyés de Québec à Saint-Malo, en 1843.

Vous y verrez aussi une très belle collection des coquilles du pays, un tableau de la flore marine, la pieuvre, ou araignée de mer.

En cherchant bien vous trouverez le fac-similé du Taurobole romain d'un temple de Diane, élevé sur le Mont-Dol, temple converti au 12e siècle en une chapelle dédiée à Saint Michel.

Ce Taurobole y a servi d'autel jusqu'en 1802, époque où il fut démoli pour bâtir la tour du télégraphe, et depuis, la chapelle de l'Espérance.

Porte à porte avec le musée vous trouverez la bibliothèque, avec l'exposition numismatique.

Visitez ensuite la *vieille Basilique Malouine*.

La porte de gauche de sa façade, dite porte Saint-Malo, ou des évêques, ne donne plus passage à ses pontifes, à son chapitre ; mais si vous n'entendez plus le chant des évêques qui ont officié en ce saint lieu, une voix contemporaine se fait encore entendre pour vous dire, que l'harmonie qu'elle prodiguait autrefois, elle la distribue encore de nos jours : je veux parler de leurs belles orgues payées par les habitants au 15e siècle.

L'intérieur de l'église avait cela de particulier avant l'année 1676, que le tour du chœur était en contre-bas de 16 marches avec la nef, et que la communication du chœur avec la sacristie se faisait sur une partie voûtée.

———

Si dans vos excursions vous allez dans le Morbihan : rendez-vous près de Guer et demandez la ferme de la grande abbaye. On vous fera voir une construction romaine très antique, appelée la chambre de Saint Gurval, évêque d'Aleth après Malo au 6e siècle, mort au couvent de Lecoal-des-Bois, forêt de Camors, lagune d'Etel, etc.

———

Si dans vos pérégrinations vous rencontrez un navire poussé par les vents, et dont la croix rouge décore les voiles ; si ce navire porte à sa poupe un pavillon avec l'hermine sans tâche sur un fond bleu à croix blanche : ce sera un navire malouin à la recherche du passé. Ne le troublez pas dans sa course vagabonde, son langage n'est plus le vôtre. »

EPILOGUE

Après ces dernières paroles, le spectre disparut en ne me laissant que le souvenir de sa présence et le bonheur de l'avoir rencontré pour mon édification. Je me retournai mais en vain, car le passé est bien passé et il ne se représente plus dans les mêmes conditions. Je restai donc en face du présent qui m'occupe comme les autres hommes, et de l'avenir qui me reste impénétrable, et par un dernier regard et par une dernière pensée je dis à cette noble cité :

Ton hermine se promène toujours sans une tache à sa robe !

Tes remparts n'ont pas été piétinés par la trahison !

PENSE A METZ ! LA DÉSOLÉE !

www.ingramcontent.com/pod-product-compliance
Lightning Source LLC
LaVergne TN
LVHW021002090426
835512LV00009B/2016